# Der Kursgestalter

Ein Praxisbuch für Erste-Hilfe-Trainer

# Der Kursgestalter

## Ein Praxisbuch für Erste-Hilfe-Trainer

Mark Brommenschenkel
Johannes Wischerhoff

unter Mitwirkung des
Bundesverbands Erste Hilfe e.V.

SK

Verlagsgesellschaft Stumpf + Kossendey mbH, Edewecht · 2005

*Bibliografische Information der Deutschen Bibliothek*

Die Deutsche Bibliothek vereichnet diese Publikation in der Deutschen Nationalbibliografie; detaillierte bibliografische Angaben sind im Internet unter <http://dnb.ddb.de> abrufbar.



Satz: Weiß & Partner, Oldenburg
Druck: Druckerei Rautenberg, Leer

ISBN 3-938179-11-2

# Inhalt

# Geleitwort

*»Das beste Training liegt immer noch im selbstständigen Machen.«*

Cyril Northcote Parkinson (1909-1993), britischer Historiker und Publizist

Cyril Parkinson war ein Vordenker. Er verstand die didaktischen Grundaussagen lange bevor ihr die moderne Erwachsenenbildung auf die Schliche kam. Langsam, ganz langsam, machen sich nun die Begriffe des ganzheitlichen Lernens und der zielgruppenorientierten Weiterbildung in unserem Bildungssystem bemerkbar.

Es ist höchste Zeit, dass nun auch die »neue Didaktik des Lernens« im Bereich der medizinischen Breitenausbildung Einzug hält. Dies kann allerdings nur dann geschehen, wenn die Multiplikatoren und Erste-Hilfe-Trainer bereit und in der Lage sind, umzudenken. Das vorliegende Buch soll einerseits erfahrene Ausbilderinnen und Ausbilder ermutigen, neue Wege in der Breitenausbildung zu beschreiten. Andererseits erhalten neue Erste-Hilfe-Trainer eine Zusammenstellung aller wichtigen Grundaussagen der Weiterbildung im Erste-Hilfe-Wesen. Der hohe Praxisanteil des Arbeitsbuches erleichtert die konkrete Umsetzung im Unterrichtsraum.

Den Autoren ist es gelungen, eine oft nachgefragte Lücke auf professionelle und dennoch leicht handhabbare Weise zu schließen. Der Bundesverband Erste Hilfe e.V. wird das Praxisbuch als Standardwerk für die Ausbildung aller Multiplikatoren auf Bundesebene verwenden. Im Zuge einer bundesweit einheitlichen Ausbildung und aufbauend auf das Selbstverständnis des Verbandes ist es darüber hinaus gewünscht, dass dieser neue Weg der Breitenausbildung auch organisationsübergreifend Anklang findet.

Karlsruhe, im Mai 2005

Martin Daum
Geschäftsführender Vorstand
Bundesverband Erste Hilfe e.V.

# Vorwort

*»Alles ist wertvoll, was den Umfang menschlicher Fähigkeiten erweitert und dem Menschen aufzeigt, dass er etwas tun kann, was er bis dahin für unmöglich hielt.«*

Samuel Johnson (1709-1784),
britischer Schriftsteller

Jedes Jahr werden in Deutschland über zwei Millionen Menschen in Erster Hilfe ausgebildet. Die Seminare, wie sie seit mehr als 30 Jahren stattfinden, verfolgen dabei in der Hauptsache zwei Ziele:

- Notfallmedizinische Grundkenntnisse sollen vermittelt werden, damit die Kursteilnehmer als potenzielle Ersthelfer lebensrettend an einem Notfallort handeln können;
- die Kursteilnehmer sollen motiviert werden, in einer Notfallsituation tatsächlich Erste Hilfe zu leisten. Viele Menschen sind hilfsbereit, scheuen im Ernstfall aber aus unterschiedlichen Gründen ein Eingreifen.

Glaubt man den Angaben in der Literatur sowie zahlreichen Studien der letzten Jahre, wurden beide Ziele bisher nicht erreicht. Vor allem die Motivation zur Hilfeleistung wird immer wieder in Frage gestellt. Folgende Gründe werden für die unzufrieden stellende Kurseffizienz genannt (Kocmann 2003):

- Es findet nur die Vermittlung primär notfallmedizinischer Grundlagen ohne Berücksichtigung lernpsychologischer Ansätze statt,
- die Trainer haben nur eine unzureichende pädagogische Ausbildung,
- der Kursbesuch findet durch unterschiedliche Gesetzesregelungen überwiegend erzwungen statt,
- es wird mit undifferenzierten Seminarkonzepten gearbeitet, die unterschiedslos für alle Teilnehmergruppen eingesetzt werden und eine inhaltliche Zielgruppenorientierung vermissen lassen.

In dem vorliegenden Buch werden diese Erkenntnisse berücksichtigt. Es richtet sich damit vor allem an jenen Personenkreis, der direkt mit der Planung, Konzeption oder Durchführung von Erste-Hilfe-Kursen befasst ist. Dies sind vor allem Erste-Hilfe-Trainer der Hilfsorganisationen und privatwirtschaftlich geführter Unternehmen. Darüber hinaus richtet sich der Leitfaden an Dozenten der Erwachsenenbildung und Ausbildungsleiter, die im Wesentlichen die Ausbildung neuer Trainer planen und konzeptionell gestalten. Vor allem in diesem Bereich sehen wir Ansatzpunkte, nachhaltiges Lernen in unseren Seminaren zu ermöglichen. Ferner sollten jene Menschen dieses Buch einsehen, die sich mit der Qualität in der Erste-Hilfe-Ausbildung auseinandersetzen. Deshalb wünschen wir uns, dass zuständige Stellen auf Bundes- und Länderebene sowie die Unfallversicherungsträger und Gremien der Hilfsorganisationen und private Einrichtungen einen Blick in das Buch werfen, um neue qualitative Perspektiven zu erkennen. Schließlich, aber nicht zuletzt, wollen wir angehenden Erste-Hilfe-Trainern mit diesem Buch eine fundierte Begleitung für ihre Ausbildung bieten, an der sie hoffentlich lange Freude haben werden.

Der erste Teil des Buches gibt einen knappen Überblick über das System der Ersthelferschulung in Deutschland. Auszüge über den Ursprung sowie über Inhalte und Veränderungen der Ausbildungspraxis sollen helfen, das Gesamtsystem der Erste-Hilfe-Ausbildung kennen und verstehen zu lernen.

Im Anschluss daran werden aktuelle Tendenzen in der Erwachsenenbildung aufgegriffen, um diese mit der gegenwärtigen Ersthelferschulung in Einklang zu bringen. Wir folgen damit unserem Anspruch nach wissenschaftlich fundierter Ausbildung sowohl im medizinischen als auch im pädagogischen Bereich. Die Lehrpläne zu den Seminaren Lebensrettende Sofortmaßnahmen am Unfallort (LSM), Erste-Hilfe-Training (EHT) und Erste Hilfe (EH) vervollständigen diesen Abschnitt.

Der erste Teil des Buches wird mit einer notfallmedizinischen Zusammenfassung der Inhalte zur Ersten Hilfe abgeschlossen. Da wir bei unseren Lesern eine medizinische Grundausbildung voraussetzen, haben wir die Darstellung der einzelnen Sachverhalte bewusst kurz gehalten. Wir beabsichtigen damit, dem Erste-Hilfe-Trainer einen schnellen und komprimierten Überblick über die wesentlichen Seminarinhalte zu vermitteln, ohne sich in Details zu verlieren. Während wir die übergeordneten Inhalte zum allgemeinen Verhalten im Notfall sowie die Schwerpunktthemen der Ersten Hilfe (Bewusstseinsstörungen, Bewusstlosigkeit und Herz-Kreislauf-Störungen) mit wichtigen Hintergrundinformationen versehen haben, beschränken wir uns bei der Beschreibung konkreter Einzelnotfälle wie z.B. Epilepsie, Insektenstich oder Vergiftung auf die reine Aufzählung von Ursachen, Merkmalen und Maßnahmen.

Für medizinische Einzelfragen empfehlen wir zum einen den Besuch eines weiterführenden Sanitätslehrgangs, zum anderen bieten wir im Anhang eine ausführliche Literaturliste mit Fachbüchern zum Thema Erste Hilfe an.

Im zweiten Teil des Buches, dem Praxisteil, stellen wir verschiedene Unterrichtsmethoden und Arbeitshilfen zur Verfügung. Wir haben uns darauf beschränkt, jene Methoden vorzustellen, die einfach umzusetzen und ohne großen Aufwand in bereits bestehende eigene Konzepte zu integrieren sind. Komplexere Unterrichtsformen, wie z.B. Jigsaw, World-Cafe oder ähnliche Gestaltungs-Designs sind bewusst nicht von uns aufgenommen worden, nicht weil wir denken, sie seien nicht geeignet (ganz im Gegenteil!), jedoch würden sie einen größeren theoretischen Background erfordern, der den Rahmen eines Praxisbuches sprengen würde. Sämtliche Arbeitshilfen, die in Form von Kopiervorlagen vorzufinden sind, sind von uns ausprobiert, überarbeitet und verbessert worden – denn schließlich ist keine Probe besser als die Praxis. Allerdings werden Trainer zweifellos bei der Umsetzung andere Schwerpunkte setzen, so dass Änderungen und Anpassungen vonnöten bleiben und von uns sogar empfohlen und ausdrücklich befürwortet werden.

Zusammengefasst ist es unser Ziel, mit diesem Buch Möglichkeiten zu bieten, sich selbst in die Thematik der Ersthelferausbildung einzuarbeiten und darauf aufbauend das eigene Erste-Hilfe-Seminar zusammenzustellen, das

- den eigenen methodischen und pädagogisch sinnvollen Vorlieben entspricht,
- die Richtlinien, die uns allen vorgegeben sind, berücksichtigt und
- die Teilnehmer zur Hilfe befähigt und motiviert.

Im Ernstfall sind wir alle darauf angewiesen!

Bevor Sie nun mit der Lektüre beginnen, möchten wir uns bei den Menschen bedanken, die uns bei der Gestaltung und Erstellung dieses Buches unterstützt haben. Ein Dankeschön gilt Martina Maréchal für die Erstellung der Abbildungen und grafischen Darstellungen, Andreas Oese-Warg für den Bericht über die Ersthelferausbildung in den neuen Bundesländern und dem Bundesverband für Erste Hilfe e.V., allen voran Martin Daum, für die kooperative Unterstützung bei der Umsetzung dieses Buches.

Also dann:

Es ist Ihr Praxisbuch für Erste-Hilfe-Trainer! Arbeiten Sie damit, verändern und verbessern Sie. Wenn Sie Lust haben, schicken Sie uns Ihre Rückmeldungen per Mail an info@kurszeit.de oder an service@skverlag.de.

Viel Freude wünschen

Mark Brommenschenkel,
Johannes Wischerhoff

Saarwellingen, im Mai 2005

# A ▸ Basisteil

# Erste Hilfe neu gedacht – Konzeptionelle Überlegungen zu einer zeitgemäßen Ersthelferausbildung

## Ersthelferausbildung in Deutschland

### Historischer Abriss zur Entstehung der Ersthelferausbildung in Deutschland

Begriffe wie stabile Seitenlage, Herz-Lungen-Wiederbelebung oder Druckverband sind heute fast jedem Menschen geläufig. Zumindest jeder Führerscheinbesitzer der jüngeren Generation hat sich in seinem Leben mindestens einmal mit diesen Schlagworten auseinandergesetzt: beim Besuch des zum Erwerb des Führerscheins notwendigen Erste-Hilfe-Kurses.

Da die Auseinandersetzung mit Erster Hilfe in früherer Vergangenheit nicht erforderlich war, »erließ die preußische Regierung in Koblenz am 2. Februar 1817 eine Anordnung, die besagte, dass wenigstens einige befähigte Einwohner von den Ärzten praktisch in der Anwendung der empfohlenen Rettungsmittel geübt werden. Von der Veranstaltung besonderer Lehrkurse in der Ersten Hilfe ist dabei aber noch nicht die Rede. Die Anordnung hatte auch vielmehr das Ziel, die Bürger im Kriegsfalle entsprechend auf Erste-Hilfe-Leistungen vorzubereiten« (Müller 1985). Der Krieg war also Ursprung für unsere heutigen Erste-Hilfe-Seminare. Nach der Bildung von freiwilligen Sanitätskolonnen initiierte Johann Friedrich von Esmarch 1882 den ersten Samariterkurs für Laien.

Zu Beginn der zwanziger Jahre des 20. Jahrhunderts hatte sich die Erste-Hilfe-Ausbildung dann etabliert. Über die erfolgreiche Teilnahme an einem Kurs, der sich damals über 26 Wochen erstreckte, wurden Zeugnisse ausgestellt. Die Kursdauer reduzierte sich mit den Jahren allmählich, so dass seit 1954 Erste-Hilfe-Seminare angeboten wurden, die sich nur noch über acht Unterrichtsstunden erstreckten.

Die fortschreitende Motorisierung hatte zur Folge, dass sich das gesamte Rettungswesen in Deutschland veränderte. Künftig sollten Menschen in Erster Hilfe ausgebildet werden, um Unglücksfälle zu verhüten und um im Notfall helfend eingreifen zu können.

»Am 19. März 1969 trat das schon lange erwartete Gesetz zur Änderung des Straßenverkehrsgesetzes in Kraft, das vorsah, dass Führerscheinbewerber vom 1. August 1969 an nachzuweisen haben, dass sie die Grundzüge der Versorgung Unfallverletzter im Straßenverkehr beherrschen. Der Erwerb eines Führerscheines wird seitdem davon abhängig gemacht, dass der Führerscheinbewerber an einer entsprechenden Unterrichtung teilgenommen hat« (Müller 1985).

### Exkurs:
### Ersthelferausbildung in der ehemaligen DDR

1945, nach dem Ende des Zweiten Weltkrieges, grassierten in der sowjetischen Besatzungszone Massenerkrankungen, Seuchen, Hunger, Not und Elend. Die Hauptlast der notwendigen sozialen und gesundheitlichen Betreuung trugen die örtlichen Verwaltungen. Nicht zuletzt deswegen wurde am 24. August 1945 die Deutsche Zentralverwaltung für das Gesundheitswesen gegründet.

Die Verantwortung für die Erste Hilfe wurde auf dem Gebiet der späteren DDR den Gesundheitsämtern übertragen, während für den gesundheitlichen Schutz in den Betrieben die Gewerkschaftsorganisation mit dem »Gesundheitsdienst des FDGB« verantwortlich wurde. Im anschließenden Aufbau des Gesundheitswesens wurde am 23. Oktober 1952 das Deutsche Rote Kreuz (DRK) in Dresden neugegründet.

Von diesem Zeitpunkt an übernahm das Deutsche Rote Kreuz im Staatsauftrag der DDR sowohl die Gestaltung des Gesundheitsschutzes als auch die Gesundheitserziehung. So wurden der Rettungsdienst in Form der Schnellen Medizinischen Hilfe (SMH), der Krankentransport, die Wasser- und Bergrettung, aber auch der Bahnhofsdienst komplett vom DRK gestellt.

In der Gesundheitserziehung fanden sich die Aufgaben für die Ausbildung der Bevölkerung wieder. Bereits 1955 schulten Mitglieder des DRK-Wasserrettungsdienstes Schwimmer in einer zweitägigen Ausbildung für den Einsatz als Rettungsschwimmer an der Ostseeküste.

Ab 1962 wurden auf Grundlage der Arbeitsschutzverordnung betriebliche Gesundheitshelfer zum Einsatz gebracht (für jeweils 25 Arbeiter ein Helfer). Diese mussten einen Grundlehrgang über 40 Zeitstunden nachweisen. Die Ausbildung umfasste Maßnahmen bei Atem- und Kreislaufstillstand, allerdings bis 1968 noch nach der Rückendruck-Armzug-Methode nach Holger Nielsen. Aber auch das Verhalten bei Bewusstlosigkeit, das Vorgehen des Helfers bei Blutungen, Schock, Knochenbrüchen, Verbrennungen, Erfrierungen, Vergiftungen u.Ä. waren Inhalte der Ausbildung. Für den eventuell notwendigen Krankentransport wurden Betriebsfahrzeuge genutzt. Die Gesundheitshelfer wurden jährlich weitergebildet.

Im Bereich des Straßenverkehrs mussten alle Führerscheinbewerber ab 1968 einen Erste-Hilfe-Kurs nachweisen. Die Ausbildung erfolgte an mehreren Tagen über insgesamt 16 Unterrichtsstunden à 45 Minuten; sie enthielt bereits die heutige Technik der Herz-Lungen-Wiederbelebung (HLW) mit einem Rhythmus von 2 Atemspenden und 10 Herzdruckmassagen. Ab 1971 wurde der Rhythmus 2 zu 15 geschult. Ab diesem Zeitpunkt wurde die HLW von den Teilnehmern auch praktisch geübt.

1982 wurden die Lehraussagen in der Ersthelferausbildung überarbeitet und ein einheitliches »Kompendium für die Ausbildung« durch das Präsidium des DRK der DDR herausgegeben, das nun die einheitliche Grundlage für die Breitenausbildung der Bevölkerung bildete.

Die Inhalte der Grundausbildung über 16 Zeitstunden waren: Maßnahmen bei lebensbedrohlichen Zuständen (Bewusstlosigkeit, Atemstillstand, Kreislaufstillstand, starke Blutungen, Schock); Maßnahmen bei weiteren Schädigungen (Wunden, Verbrennungen, Verätzungen, Vergiftungen, Knochen- u. Gelenkverletzungen); plötzliche Gesundheitsstörungen (Krämpfe, Schmerzen, Erbrechen, Durchfall, Fieber, Verdacht auf übertragbare Krankheiten); Verbandlehre; Rettung und Transport sowie als spezielles Thema das Verhalten bei Verkehrsunfällen.

Weiterführende spezifische Ausbildungen für bestimmte Personengruppen, wie etwa Arbeiter in der Chemieindustrie, wurden durch die DRK-Kreisvorstände durchgeführt.

**Erste Hilfe in Verkehr und Betrieben**

Jeder Führerscheinbewerber muss laut Straßenverkehrsgesetz (StVG) die »Grundzüge der Versorgung Unfallverletzter im Straßenverkehr« (StVG, § 2 Absatz 2, Satz 6) beherrschen und Erste Hilfe leisten können.

Die Verordnung über die Zulassung von Personen zum Straßenverkehr regelt die Verpflichtung zum Kursbesuch. Hierin wird je nach Führerscheinklasse der Nachweis über den Besuch eines Kurses in Lebensrettenden Sofortmaßnahmen am Unfallort (LSM) oder Erster Hilfe (EH) gefordert (Fahrerlaubnisverordnung FeV § 19, Absatz 1, 2). Zum Ziel dieser Kurse heißt es: »Die Unterweisung soll dem Antragsteller durch theoretischen Unterricht und durch praktische Übungen die Grundzüge der Erstversorgung von Unfallverletzten im Straßenverkehr vermitteln, ihn insbesondere mit der Rettung und Lagerung von Unfallverletzten sowie mit anderen lebensrettenden Sofortmaßnahmen vertraut machen« (Fahrerlaubnis-Verordnung FeV § 19, Absatz 1, 2).

Neben dem Bereich der Führerscheinbewerber gibt es im betrieblichen Umfeld eine Vorgabe zur Ersthelferausbildung. Das übergeordnete Ziel dieser betrieblichen Ausbildung ist eine Grundausbildung, die den Ersthelfer in die Lage versetzen soll, bei allen im Betrieb vorkommenden arbeitsbedingten Verletzungen die notwendigen vorläufigen Maßnahmen zu ergreifen. Ziel ist es, dem Laien Kenntnisse und Fertigkeiten so zu vermitteln, dass er die nötige Sicherheit für den Ernstfall, insbesondere für die Durchführung der lebensrettenden Maßnahmen bekommt.

Neben diesen verpflichtenden Angeboten gibt es Erste-Hilfe-Kurse, die weder inhaltlich noch zeitlich an vorgegebene Richtlinien seitens des Gesetzgebers gebunden sind.

Somit kann man das allgemeine Kursangebot der Ersthelferausbildung folgendermaßen differenzieren:

- ▶ *Grundausbildung Erste Hilfe (EH) und Lebensrettende Sofortmaßnahmen am Unfallort (LSM):*
  Führerscheinbewerber benötigen in der Bundesrepublik Deutschland je nach Führerscheinklasse entweder den Nachweis über den Besuch eines Erste-Hilfe-Lehrgangs (16 UE) oder eines Kurses Lebensrettende Sofortmaßnahmen am Unfallort (8 UE). Die Teilnahme muss durch eine behördlich anerkannte Stelle attestiert werden. Die Teilnehmer sollen in diesen Seminaren die Grundversorgung von Unfallverletzten mit Schwerpunkt Haushalt, Betrieb, Schule und Freizeit (EH) bzw. die Grundversorgung von Unfallverletzten mit Schwerpunkt im Straßenverkehr (LSM) erlernen.
- ▶ *Erste-Hilfe-Fortbildung nach BG-Richtlinien:*
  5 – 10% aller Mitarbeiter in Betrieben müssen gemäß Unfallverhütungsvorschriften der Berufsgenossenschaften (BG) regelmäßig, d.h. alle zwei Jahre, in Erster Hilfe aus- und fortgebildet werden. Die Teilnehmer sollen im praktischen Training (Erste-Hilfe-Training,

8 UE) bzw. in der Grundausbildung (Erste Hilfe, 16 UE) verlorenes Wissen zur Ersten Hilfe erneuern und ergänzen.

- *Erste Hilfe zielgruppenspezifisch:*
  Neben den verpflichtenden Angeboten gibt es Erste-Hilfe-Kurse, die weder inhaltlich noch zeitlich an vorgegebene Richtlinien seitens des Gesetzgebers gebunden sind. Es handelt sich dabei um freiwillige, offene und im besten Fall zielgruppenspezifisch ausgerichtete Seminare, wie beispielsweise Kindernotfallseminare für Eltern oder Erste-Hilfe-Kurse für Lehrer, Erzieher oder Sportler.

**Ersthelferschulung aus pädagogischer Sicht**

Im Vorwort dieses Leitfadens heißt es, dass ein Ziel der Ersthelferschulung in der Vermittlung grundlegender notfallmedizinischer Kenntnisse und dazugehöriger praktischer Übungen liegt, um den Kursteilnehmer fachlich auf eine Notfallsituation vorzubereiten.

Wissenschaftliche Untersuchungen haben allerdings gezeigt, dass dieses Fachwissen nur kurzzeitig behalten wird (Garms-Homolová, Schaeffer 1988 und 1991). Geradezu fatal erscheint es jedoch, dass der notfallmedizinische Wissenserwerb in keiner Weise die tatsächliche Hilfsbereitschaft des Einzelnen positiv beeinflusst. Es wurde ganz im Gegenteil sogar festgestellt, »dass gerade Lehrgangsteilnehmer mehr Angst vor der Durchführung von Hilfsmaßnahmen haben und nicht zuletzt dadurch eine geringere Hilfsbereitschaft zeigen als der Personenkreis, der bislang noch nie an einer entsprechenden Ausbildungsmaßnahme teilgenommen hat« (Hockauf, Karutz 2000). Dass diese Erkenntnisse nicht neu sind, beweist ein Rückblick auf Fachtagungen zum Themenkomplex Erste-Hilfe-Breitenausbildung.

Bereits im Zusammenhang mit der ersten Fachtagung 1987 in Hennef-Sieg wurde deutliche Kritik an der Seminargestaltung aus erwachsenenpädagogischer Sicht geäußert. Franz Decker, damaliger Mitarbeiter der pädagogischen Hochschule in Weingarten, meinte: »Erste-Hilfe-Ausbildung soll für ein sachkundiges Helfen, Handeln und Entscheiden qualifizieren und motivieren, nicht nur Wissen vermitteln und abfragen. (...) Eine erwachsenenpädagogische Neuorientierung der Aus- und Weiterbildung der Erste-Hilfe-Lehrkräfte erscheint dringend notwendig« (Decker 1987). Auch Vjenka Garms-Homolová forderte die »Erweiterung der bisherigen Inhalte der Erste-Hilfe-Ausbildung um die Vermittlung der wesentlichen sozialen Kompetenzen Hilfsbereitschaft und Hilfsfähigkeit« (Garms-Homolová 1987).

Nach den offensiven Forderungen von 1987 bezüglich der Notwendigkeit affektiv-emotionaler Lernziele als Pendant zu den kognitiven Lernzielen wurde die Thematik im Rahmen der zweiten Fachtagung im Jahr 1996 in Bogensee nicht mehr angesprochen. Wichtige Impulse blieben somit bis zur dritten Fachtagung im Jahr 2000, die wiederum in Hennef-Sieg stattfand, beinahe unberücksichtigt.

Dort wurden die Forderungen von 1987 allerdings wieder aufgegriffen. So hieß es beispielsweise in einem Vortrag von Jörg Greis: »Wenn ich attestiere: Menschen in akuten Notsituationen zu helfen ist für Laien schwer, sehr schwer, so meine ich selbstredend nicht die Technik der Ersten Hilfe. (...) Vom Herstellen der Seitenlage bis hin zur Herz-Lungen-Wiederbelebung lassen sich diese Techniken erlernen und durchführen. Erste Hilfe ist vor allem ein psychisches und soziales Problem« (Greis 2000). Greis reicht es nicht mehr aus, lediglich Wissen in Erste-Hilfe-Kursen vermitteln zu wollen und stellt vielmehr fest: »Die Bereitschaft zum Helfen und helfendes Verhalten sind wesentliche Voraussetzungen der Ersten Hilfe, die ebenso wie andere soziale Fähigkeiten gelernt werden müssen« (Greis 2000).

Obwohl bereits fünf Jahre seit dieser letzten Fachtagung vergangen sind, hat sich die Situation der Ersthelferausbildung immer noch nicht verändert. Dies bestätigte bereits ein Bericht in der Zeitschrift RETTUNGSDIENST vom September 2003, in dem es heißt: »Eine Analyse der Ausbildungsrichtlinien der in der Breitenausbildung tätigen Organisationen offenbart sofort die grundlegenden inhaltlichen Ziele einer Ersthelfer-Unterweisung. Danach nimmt die Vermittlung von Fachwissen noch immer eine primäre Rolle ein und dominiert sichtbar das Geschehen des Unterrichts. Untersucht man entsprechende Fachliteratur, so wird diese Problematik ebenso augenscheinlich. Eine grundlegende Förderung der Handlungsbereitschaft (...) findet nicht statt. (...) Hier muss die Frage erlaubt sein, was Wissen und Fertigkeiten nützen, wenn es keine innere Motivation bei Laien gibt, die Kenntnisse anzuwenden?« (Pluntke 2003)

Somit lässt sich der Stand der gegenwärtigen Ausbildungspraxis stichpunktartig zusammenfassen:

- Die Themenbereiche Hilfsbereitschaft und Helfen finden in der Breitenausbildung kaum

Berücksichtigung. Stattdessen konzentrieren sich die Kurse auf eine starke Wissensvermittlung.

- Inhaltlich sind die Kurse überfrachtet. Die Richtlinien erfordern eine Vielzahl von Inhalten, die hierarchielos nebeneinander stehen. Dies suggeriert dem Teilnehmer das Gefühl, als sei alles »gleich wichtig«. Diese Fülle von Inhalten macht es dem Teilnehmer beinahe unmöglich, im Notfall zu entscheiden, was wirklich lebensrettend ist und was nicht. Dem Trainer wiederum erlaubt die inhaltliche Fülle nahezu keine Möglichkeiten, sie so zu vermitteln, dass der Teilnehmer sie im Notfall stressresistent und angstfrei einsetzen kann.
- Eine interdisziplinäre Verknüpfung verschiedener Fachwissenschaften, wie z.B. der Pädagogik, der Psychologie oder der Notfallmedizin, findet in der Erstellung und Überarbeitung der Ausbildungsrichtlinien nicht statt. Stattdessen werden geisteswissenschaftliche Ungenauigkeiten, veraltete Erkenntnisse oder oberflächliche Thesen aus der Pädagogik unreflektiert übernommen.
- Vorgefertigte Lehrpläne werden von pädagogisch kaum geschulten Ausbildern undifferenziert allen Teilnehmergruppen angeboten, ohne Berücksichtigung einer inhaltlichen Zielgruppenorientierung.
- Unterschiedliche Motivationen der Teilnehmer zum Besuch eines Erste-Hilfe-Kurses erschweren den Kurstransfer.

## Lernen in der Ersthelferausbildung

### Lernen als Aneignung neuen Wissens

Seit unserer Kindheit lernen wir pausenlos. Aber was machen wir eigentlich genau, wenn wir lernen? Wie kann der Begriff »Lernen« näher bestimmt werden?

Die Tätigkeiten, die wir beim Lernen häufig unbewusst ausführen, können wie folgt beschrieben werden:

- Wir beobachten unsere Umwelt, suchen nach Parallelen in unserem Leben oder entdecken Unterschiede.
- Wir durchdenken Informationen, die wir aus unserer Umwelt aufgreifen und verarbeiten diese in Gedanken.
- Wir versuchen, Zusammenhänge zu verstehen.
- Wir überprüfen unsere Denkweisen und unser Verhalten in bestimmten Situationen und beginnen ggf., unser Verhalten schrittweise zu verändern und an neue Denkweisen anzupassen.

Zusammengefasst kann man festhalten, dass Lernen in der Interaktion mit der Welt entsteht. Es besteht eine wechselseitige Einflussnahme und Anpassung von Individuum und Umwelt, von Personalisation und Sozialisation. Es handelt sich dabei um einen aktiven Prozess, der vor allem dann stattfindet, wenn der Einzelne auf Hindernisse stößt, Verunsicherung erlebt und neue Lösungen gefordert sind. Diese Hindernisse versuchen wir durch die Modifikation vorhandener oder aber den Erwerb neuer Fähigkeiten zu überwinden. Man kann also sagen, dass Lernen immer im Zusammenhang mit der Auseinandersetzung und/oder der Bewältigung anstehender Herausforderungen steht.

Dabei wird die Aneignung der neu erworbenen Informationen, des neuen Wissens, erleichtert, wenn sich zwischen alten und neuen Sichtweisen Anknüpfungspunkte befinden. »Der Lernende sucht nach Übergängen zwischen alten und neuen Erkenntnisbeständen, damit neue Erkenntnisse eingegliedert werden können und alte Erkenntnisse aufgearbeitet werden« (Blom 2002).

In der Lernpsychologie wird Lernen allgemein als eine Veränderung des Verhaltens aufgrund von Erfahrung und Einsicht betrachtet (Baumgart 2001). Damit dies möglich ist, sind an einem Lernprozess nicht nur der Kopf, sondern die ganze Persönlichkeit eines Menschen mit all seinen Erfahrungen, Denkweisen, Motiven, Fähigkeiten und Gefühlen beteiligt.

Ob gewollt oder ungewollt bedeutet Lernen somit:

- Erwerb von neuem Wissen oder Können,
- Verknüpfung von bereits Bekanntem mit Neuem,
- Anwendung dessen auf das eigene Verhalten.

Da die Teilnehmer eines Erste-Hilfe-Seminars entweder erwachsen sind oder sich zumindest im Übergang zum Erwachsenenalter befinden, werden nachfolgend einige Merkmale des Erwachsenenlernens dargestellt.

Der Lernprozess bei Kindern und Erwachsenen verläuft in Bezug auf Lernen, Lernschwierigkeiten und Lernfähigkeit grundsätzlich ähnlich. Die Unterschiede ergeben sich eher aus den verschiedenen Entwicklungs- und Reifephasen. Kinder wachsen in eine Welt hinein, die von Erwachsenen gestaltet und geprägt wird. Sie müssen sich die Welt so aneignen, wie sie ist, sich zunächst auf geltende Regeln einlassen und sich Kulturtechniken aneignen, über die Erwachsene bereits verfügen.

Erwachsene haben hingegen bereits dieses Wissen für Beruf, Alltag und das gesellschaftliche und soziale Umfeld. Sie haben sich schon eine persönliche Sichtweise und Interpretation der Welt und damit eine eigene Identität erarbeitet.

Versucht man, das Lernen Erwachsener genauer zu beschreiben, so lassen sich vier Typisierungen festhalten:

- Erwachsene sind Menschen mit eigenen Kenntnissen, Vorstellungen und Erfahrungen. Diese müssen im Lehr-Lern-Prozess berücksichtigt und nutzbar gemacht werden. Das bedeutet, dass Erwachsene Seminare nicht einfach konsumieren, sondern aktiv mitgestalten wollen.
- Beim Lernen durch Erwachsene spielt der alltägliche, situationsbezogene Handlungsbezug eine besondere Rolle. Erwachsene wollen wissen, wozu sie etwas lernen und wo und wie das Gelernte sich einsetzen lässt.
- Gelernt wird am effektivsten, wenn die Lernenden selbst aktiv sein können. Das bedeutet, der Bildungsprozess muss auch vom Lerner aus gedacht werden.
- Erwachsene bestehen in Bezug auf das Lernen aus Kopf, Herz und Hand. Methoden der Erwachsenenbildung müssen alle drei Komponenten mit einbeziehen.

Es ist mehrfach empirisch belegt, dass ein nachhaltiges Lernen durch Erwachsene tatsächlich nur dann gelingt, wenn diese aktiv, selbstgesteuert, auf die eigene Lebens- und Anwendungssituation bezogen, konstruktiv (d.h. vorhandene mit zugemuteten Wissensstrukturen verknüpfend) und im sozialen Austausch kooperativ lernen »dürfen« (u.a. Arnold 2003).

Versucht man, diese Erkenntnisse auf die Ersthelferausbildung zu übertragen, ergeben sich mehrere Fragen, die gleichzeitig als Impulse zur Seminarvorbereitung gesehen werden können:

- Welche Erfahrungen und Kenntnisse in Bezug auf Notfälle, Unfälle, gefährliche Situationen bringen die Teilnehmer mit in die Seminare?
- Können bereits im Vorfeld allgemein gültige Aussagen diesbezüglich getroffen werden, oder ist es sinnvoll, den Erfahrungsaustausch in die Seminare einzubauen?
- In welcher Form können die Teilnehmer aktiv das Seminargeschehen beeinflussen?
- Ist dies ausschließlich während der ohnehin geforderten Praxisphasen zu den Übungen stabile Seitenlage, Herz-Lungen-Wiederbelebung, Helmabnahme etc. möglich oder sind auch weitere Phasen der aktiven Teilnahme denkbar?
- In welchen Alltagssituationen werden die Teilnehmer am ehesten mit der notwendigen Anwendung von Erste-Hilfe-Maßnahmen konfrontiert?
- Welche Seminarmethoden unterstützen sowohl das Denken und Handeln als auch die persönliche Betroffenheit der Teilnehmer?

Aus dieser Auflistung ergeben sich drei wesentliche Schwerpunkte, die es im Folgenden genauer zu betrachten gilt: die beiden Prinzipien der Teilnehmer- und Handlungsorientierung einerseits sowie die persönliche Betroffenheit der Teilnehmer andererseits.

#### Teilnehmerorientierung in der Ersthelferausbildung

Unter dem Begriff »Teilnehmerorientierung« versteht man die Ausrichtung des Unterrichts an den Wünschen, Interessen und Bedürfnissen der Teilnehmer. Im besten Fall werden die Teilnehmer in die komplette Planung des Kursgeschehens und in die Auswahl der Themen, Methoden und Medien mit einbezogen.

Rolf Arnold sieht den Teilnehmer als den eigentlichen »Souverän der Erwachsenenbildung: Seine Biographie, seine Krisen und seine alltäglichen Erfahrungen werden als die eigentliche Motivationsbasis für eine Teilnahme an der Erwachsenenbildung erkannt und als Ausgangspunkt von Lernprozessen angesehen« (Arnold 1997). Nach Arnold kann es bei der Erwachsenenbildung nämlich nicht um die reine Wissensvermittlung und um die Erzeugung von Wissen beim Teilnehmer gehen, sondern um die Initiierung von Prozessen, die den Teilnehmern Fähigkeiten und Fertigkeiten verleihen, sich selbst neues Wissen und neue Deutungsmuster anzueignen (Arnold 1997).

Bezogen auf die konkrete Situation in der Ersthelferausbildung besteht im Hinblick auf die Auswahl der Themeninhalte insofern ein Problem, als dass diese per Gesetz vorgegeben sind. Eine echte Teilnehmerorientierung, die eigentlich einen weit größeren Freiraum bei der Auswahl der Unterrichtsinhalte zulassen müsste, ist somit nur eingeschränkt möglich. Unterstützt wird diese These auch von Ralf Nachtmann, der sich in seiner Veröffentlichung ausführlich mit dieser Problematik befasst (Nachtmann 1996). Die Vorstellung, dass mit einem einzigen Leitfaden als Vorgabe für eine immense Bandbreite sehr unterschiedlicher Teilnehmergruppen ein teilnehmerorientierter Unterricht möglich sein soll, ist somit mehr als fraglich.

Im Optimalfall sollte sich jeder Trainer in der Vorbereitung oder aber spätestens zu Beginn seines Erste-Hilfe-Seminars ein Bild über die Zusammensetzung seiner Teilnehmergruppe machen und die Lerninhalte und Seminarmethoden danach ausrichten. Dabei genügt es jedoch nicht, beispielsweise die Teilnehmergruppe in einem Seminar Lebensrettende Sofortmaßnahmen am Unfallort (LSM) mit der Eigenschaft »Führerscheinbewerber« zu beschreiben.

Vielmehr gilt es, sich u.a. mit folgenden Fragen zur Gruppe auseinander zu setzen:

- ▶ Wie viele Teilnehmer nehmen am Seminar teil?
- ▶ Wie setzt sich die Gruppe zusammen?
- ▶ Gibt es unter den Teilnehmern Untergruppen, kleine Gruppierungen: zwei oder drei Leute, die zusammen gehören (so genannte Peer Groups)?
- ▶ Wo liegen die gemeinsamen Interessen innerhalb der Untergruppen und wo liegen die gemeinsamen Interessen in der Gesamtgruppe?
- ▶ Wie kann ich als Trainer die Untergruppen für den Seminarverlauf nutzen?
- ▶ Haben die Teilnehmer gleiche Lernkompetenzen oder gibt es Unterschiede? Worin sind diese Unterschiede ggf. begründet? Wie kann ich die unterschiedlichen Lernkompetenzen ggf. aufgreifen und im Seminarverlauf berücksichtigen?
- ▶ Inwiefern kann ich die Teilnehmer an der organisatorischen Planung des Seminars beteiligen?
- ▶ Biete ich den Teilnehmern die Möglichkeit, eigene Wünsche, Ideen und Anregungen in den Kursverlauf einzubringen?
- ▶ Gibt es trotz aller inhaltlichen Vorgaben die Möglichkeit, dass die Teilnehmer einen Einfluss auf die Themen haben, möglicherweise auf die Intensität und Gewichtung einzelner Themenbereiche?
- ▶ Stehen den Teilnehmern Freiräume zur Verfügung, individuelle Interessen zu vertiefen?

### Handlungsorientierung in der Ersthelferausbildung

Handlungsorientierung ist nicht nur eine Methode, die Seminarteilnehmer zur Mitarbeit zu motivieren und dadurch Lernprozesse effektiver zu gestalten, sondern ein Modell, das ein besonderes Menschenbild zur Grundlage seines pädagogischen Handelns macht.

»Handlungsorientierung geht davon aus,

- ▶ dass Lernen grundsätzlich ganzheitlich, also mit Kopf, Herz und Hand und allen Sinnen abläuft;
- ▶ dass Menschen neugierig sind; dass sie fragen, Neues ausprobieren und die Umwelt erfahren wollen;
- ▶ dass gesellschaftliche Veränderungen verstärkt eigenständige Handlungskompetenz erfordert, die in Lernprozessen erworben werden muss und kann« (Bach, David, Hambrock 2003).

In diesem Modell wird der Lernende klar in den Mittelpunkt des Geschehens gerückt. Dabei soll der Teilnehmer zum selbstständigen Handeln ermuntert werden, sein Denken und Handeln sollen in einem ausgewogenen Verhältnis mit eingebunden sein, und die subjektiven Interessen des Einzelnen werden zum inhaltlichen Bezugspunkt gemacht.

Parallelen und Überschneidungen zum vorherigen Prinzip der Teilnehmerorientierung werden deutlich. Wiederum stellt sich die Frage, wie Handlungsorientierung trotz der fest vorgegebenen Struktur in der Ersthelferausbildung umgesetzt werden kann. Hilbert Meyer versucht, diesen scheinbaren Widerspruch zu beantworten (Meyer 2003): »Handlungsorientierter Unterricht muss die Freiräume schaffen, in denen sich die Lernenden im handelnden Umgang mit dem Thema ihrer Interessen bewusst werden können.«

Informationen aus der Umwelt nehmen wir in der Regel über unsere Sinnesorgane wahr. Darüber hinaus gibt es jedoch noch weitere Lernwege, die erreichen, dass die aufgenommenen Informationen im Gehirn unterstützt, hervorgehoben und gefestigt werden. Je nachdem, welcher Lernweg im Seminar bevorzugt angesprochen wird, ist mit unterschiedlichen Lernleistungen zu rechnen:

- *Lernen durch Lesen (optisch/visuell):*
  Lesen wir ein Buch oder einen Text, so können wir am Ende etwa 10% der gelesenen Informationen wiedergeben. Danach beginnt der Prozess des Vergessens. Von den aufgenommenen zehn Prozent werden über einen längeren Zeitraum nochmals bis zu 80% vergessen. Demnach bleibt nach einer gewissen Zeit im Endeffekt nicht mehr viel von dem übrig, was wir uns ursprünglich durch das Lesen aneignen wollten.
- *Lernen durch Hören (auditiv):*
  Informationen, die über das Ohr wahrgenommen werden, lassen eine Lernstoffaufnahme von etwa 20% zu. Zum Schluss können wir jedoch nur noch 20% von dem Gehörten wiedergeben. Das langfristige Lernergebnis ähnelt somit dem zuvor beschriebenen Effekt des visuellen Lernens durch Lesen. Lernen durch Hören findet hauptsächlich bei Referaten, Vorträgen und freien Reden ohne Medieneinsatz statt.
- *Lernen durch Sehen (optisch/visuell):*
  Informationen, die wir optisch wahrnehmen, erreichen eine Lernaufnahme von etwa 30%. Berücksichtigt wird dabei lediglich das Aufnehmen von Bildern, nicht jedoch von Buchstaben (s.o.). Diese Lernform trifft man vor allem in der Werbung oder aber im Rahmen von Film- oder Diavorführungen an.
- *Lernen durch Sehen und Hören:*
  Durch die Kombination der beiden Wahrnehmungskanäle wird etwa die Hälfte der Informationen im Gehirn verarbeitet und gespeichert. Diese Art des Lernens findet immer dann statt, wenn Vorträge, Reden oder Lehrgespräche durch Bildmedien unterstützt werden.
- *Lernen durch Sprechen:*
  Was man selbst sagt (und sich womöglich zuvor auch in Gedanken selbst erarbeitet hat) prägt sich nachhaltiger ein als das, was man nur sieht oder hört. Die Behaltensquote liegt bei etwa 70%. Lehrgespräche, geleitete Diskussionen und Gruppenarbeiten eignen sich zur Unterstützung dieses Lernwegs.
- *Lernen durch Handeln (kinästhetisch):*
  Der handlungsorientierte Ansatz ist der erfolgversprechendste Weg zur Aneignung neuen Wissens. Was man selbst tut, prägt sich am besten ein. Die Behaltensquote liegt bei etwa 90%.

Berücksichtigt man diese Ausführungen in Bezug auf die Gestaltung von Erste-Hilfe-Kursen, so wird die Aufgabe des Trainers komplexer und geht über die bloße referierende Tätigkeit von Maßnahmen hinaus. Es wird künftig nicht mehr darum gehen, vorfabriziertes Wissen aufzuarbeiten, sondern Lernumfelder zu schaffen, die für die Wissenserschließung und -aneignung besonders förderlich sind. Der Trainer muss seinen Kursteilnehmern eine lernfördernde Unterstützung anbieten, sie neugierig machen und sie im positiven Sinn zum Lernen anregen.

So gesehen bedeutet Handlungsorientierung die Verlagerung der Verantwortung für den Lernprozess auf das Individuum. Obwohl es bezüglich der Auswahl der Inhalte, des Curriculums und des Lernziels immer noch eine Fremdbestimmung gibt, besteht hier eine nicht zu unterschätzende Einflussmöglichkeit und Flexibilität in der zeitlichen, räumlichen, inhaltlichen und sozialen Intensität des Lernens durch den Lernenden. Er entscheidet zwar letztlich nicht über Lernziele, da diese tatsächlich größtenteils vorgegeben sind, aber über die Lernwege, die er eigenverantwortlich, vorbereitet und begleitet durch den Trainer, einschlagen kann.

Diesem handlungsorientierten Modell liegt eine konstruktivistische Lerntheorie zu Grunde, auf die an dieser Stelle nur verkürzt verwiesen werden kann. Die Kernthese des Konstruktivismus lautet, dass die Wirklichkeit immer nur individuell erfahrbar ist, vom Individuum selbst konstruiert und nur durch Kommunikation untereinander verbindlich wird. Extrempositionen dieser Lernphilosophie sehen den Menschen selbst als Konstruktion: der »postmoderne Mensch (...) sei eine Art soziale Konstruktion: Er ist so, wie die anderen – und er selbst – ihn sich vorstellen (...) und das Wirkliche wird durch das Erfundene ersetzt« (Mandl, Reinmann-Rothmeier 1995).

Vertreter des Konstruktivismus haben für den Lernprozess allerdings auch gemäßigtere Positionen hervorgebracht: »Lernen erfordert zum einen immer Motivation, Interesse und Aktivität seitens des Lernenden: Jeder Lernprozess ist also konstruktiv, und es muss oberstes Ziel des Unterrichts sein, den Lernenden Konstruktionen zu ermöglichen und diese anzuregen. Lernen erfordert zum anderen aber auch Orientierung, Anleitung und Hilfe: Jeder Lernprozess ist also interaktiv, und es ist eine weitere zentrale Aufgabe des Unterrichts, Lernende unterstützend zu begleiten und ihnen hilfreiche Instruktionen anzubieten« (Mandl, Reinmann-Rothmeier 1995).

Handlungsorientierung bedeutet also zusammengefasst, dass der Teilnehmer aktiv agiert und der Lernprozess somit zum selbstgesteuerten Lernen wird. Der Trainer wird zum Anbieter dessen, was der Lernende will. Das Modell setzt dabei einen hohen Grad an Eigenverantwortung voraus.

Annette Dietrich bringt die bisher aufgeführten Aspekte auf den Punkt, indem sie erwachsenenrelevantes Lernen im Kontext ganzheitlicher Lernansätze sieht, »die Lernen als ein sinnliches, persönlich relevantes, selbstgesteuertes Ereignis begreifen, dabei kognitive und emotionale Faktoren umfassend, welche angeregt, unterstützt und begleitet werden können« (Dietrich 2003).

Hier tritt neben der bereits beschriebenen Teilnehmer- und Handlungsorientierung ein dritter Bereich zu Tage. Lernen hat immer eine persönliche Note. Der Anschluss an bestehende und der Aufbau neuer kognitiver Strukturen, Deutungs- und Handlungsmuster wird grundlegend auch von emotionalen Faktoren beeinflusst.

### Emotion und Motivation in der Ersthelferausbildung

Ein wichtiger Ansatz in Bezug auf die Erwachsenenbildung besteht darin, dass diese nur lernen, wenn Lernen mit den persönlichen Interessen und Erfahrungen korrespondiert, einschließlich der emotionalen Erfahrungen.

Daniel Goleman bezeichnet gesellschaftliche Zustände, wie etwa die Zunahme von Gewaltverbrechen und Selbstmorden oder Drogenmissbrauch, als emotionales Elend. Möglicherweise kann man zu diesem Zustand analog auch die geringe Hilfsbereitschaft in Notfallsituationen hinzufügen (Goleman 2002). So belegen Versuche, dass die tatsächliche Hilfsbereitschaft in unserer Gesellschaft abnimmt. In einer Notfallsituation ist dies nicht anders. Zwar wird die Hilfsbereitschaft nach dem Besuch eines Erste-Hilfe-Kurses positiv beeinflusst. Diese Einstellung wird allerdings nur kurzfristig beibehalten und schlägt dann in vielen Fällen ins Gegenteil um. In mehreren Studien wurde herausgefunden, dass gerade Teilnehmer von Erste-Hilfe-Kursen mehr Angst vor der Durchführung von Hilfsmaßnahmen haben und eine geringere Hilfsbereitschaft zeigen als nicht ausgebildete Helfer (Hockauf, Karutz 2000 sowie Garms-Homolová, Schaeffer 1988).

Goleman plädiert daher dafür, zur effektiven Behandlung dieses gesellschaftlichen Defizits »der emotionalen und sozialen Kompetenz unserer Kinder und unserer selbst größere Aufmerksamkeit zuzuwenden und die Kräfte und Fähigkeiten des menschlichen Herzens energischer zu fördern« (Goleman 1997).

Der Umgang mit Emotionen beinhaltet eine erhöhte Sensibilität und Bereitschaft, sich mit sich selbst, dem näheren Umfeld und vielleicht auch mit der eigenen Biographie auseinander zu setzen. Das bedeutet, dass emotional angemessenes Verhalten auf zwei Säulen ruht: der Selbst- und der Fremdwahrnehmung. »Selbstwahrnehmung in dem Sinne, dass man seine Gefühle erkennt und ein Vokabular für sie entwickelt und dass man die Zusammenhänge zwischen Gedanken, Gefühlen und Reaktionen wahrnimmt«, insbesondere Fähigkeiten zum »Umgang mit den Emotionen« sowie die Fremdwahrnehmung als die Fähigkeit zum »Verstehen der Gefühle anderer und die Einfühlung in ihre Lage« (Goleman 1997).

Auf der Selbstwahrnehmung baut die Kompetenz auf, Emotionen angemessen zu handhaben. Nur wer in der Lage ist, die eigenen Emotionen zu kennen, ist zum Verständnis seiner selbst fähig. Das wiederum führt zu einer emotionalen Kompetenz im Umgang mit wichtigen persönlichen Entscheidungen und der Fähigkeit, sich in andere einzufühlen, also zu ahnen, was diese fühlen.

In diesem Sinne wäre es wünschenswert, Methoden und Impulse in die Ersthelferausbildung einfließen zu lassen, die den Teilnehmern einen behutsamen Blick auf sich selbst erlauben. Ganz bewusst wird dieses Vorgehen als »behutsam« bezeichnet, da es dabei weder um tiefenpsychologische Aspekte noch um Moralisierungen gehen soll. Wünschenswert wären Rahmenbedingungen, in denen die Teilnehmer etwas über sich erfahren – über Aspekte ihrer Persönlichkeit, ihre soziale Kompetenz und ihre Problemlösungsfähigkeit in notfallmedizinischen Situationen.

Darüber hinaus erfahren die Teilnehmer etwas über die anderen, deren Werthaltung, Kooperationsbereitschaft, Angst und Mut, sich mit potenziell Furcht erregenden Situationen auseinander zu setzen.

Die Reflexion über eigene und fremde Persönlichkeitsaspekte ermöglicht den Teilnehmern einen Erkenntnisgewinn und bietet ihnen die Möglichkeit, diese in ihr Alltagswissen zu integrieren. Oder anders ausgedrückt: Das Angebot des prophylaktischen »etwas über sich selbst Herausfindens« im Kontext verschiedener Notfallsituationen soll eine Kompetenzerfahrung ermöglichen und die Chance des hilfreichen und lebensrettenden Eingreifens am Notfallort erhöhen.

Nochmals sei auf den ganzheitlichen Ansatz des Lernens durch Kopf, Herz und Hand verwiesen. Neben dem notwendigen, didaktisch sinnvoll reduzierten und nach den Teilnehmern orientierten Fachwissen und der Aneignung lebenswichtiger Handgriffe, wie beispielsweise der stabilen Seitenlage oder der Herz-Lungen-Wiederbelebung, muss auch der affektive Aspekt im Seminar Berücksichtigung finden. Dieser beinhaltet sowohl die eigene Einstellung zum Thema Helfen und Hilfsbereitschaft als auch die Vorstellung mit emotional belastenden Stresssituationen im tatsächlich eintretenden Notfall konfrontiert zu sein.

In Bezug auf die Hilfsbereitschaft gilt es, neben den Emotionen auch ein Augenmerk auf die Motivation zur Hilfeleistung zu werfen. Dies ist ein großes Problem, wenn nicht sogar das Kernproblem, nicht nur am Unfallort, sondern auch in der Schulungspraxis der Ersthelferausbildung.

Damit Lernprozesse überhaupt in Gang kommen, muss der Mensch eine Motivation zum Lernen haben. Sie ist der Antrieb zum Lernen. Für den Menschen muss eine Notwendigkeit bestehen, neue Wege zu suchen oder der Wunsch geweckt werden, etwas zu verstehen, in Erfahrung zu bringen oder neu zu schaffen und zu gestalten. Neugier als eine Grundemotion ist der Ausgangspunkt für die Entwicklung des Menschen und seinem Drang, die Dinge zu erforschen und zu verstehen.

»Notwendigkeit und Neugier (...) zwei Anlässe um sich auf einen neuen Weg zu begeben. Gelegentlich trifft beides zusammen (...). Neue Wege brauchen einen Anlass, machen Angst, haben einen Reiz, bergen Gefahren, führen zu Umwegen, enden in Sackgassen, ermöglichen neue Erfahrungen, Erkenntnisse, Emotionen« (Weschke 1998). Ohne ein subjektives Bedürfnis zum Lernen findet in der Regel kein Lernen statt, es sei denn, es handelt sich um ein von außen einwirkendes, so genanntes defensives Lernen, um Sanktionen zu vermeiden.

In dieser Aussage wird deutlich, dass sich Lernen aus unterschiedlichen Motivationen heraus vollziehen kann. Man unterscheidet zwischen intrinsischer und extrinsischer Lernmotivation.

- ▶ *Intrinsische Motivation:*
  Gelernt und gearbeitet wird aus dem eigenen, inneren Antrieb und zur persönlichen Befriedigung. Wichtige Motive hierbei sind z.B. Neugierde, Freude am Lernen, Leistungsbereitschaft, ethisch-moralische Einstellungen.
- ▶ *Extrinsische Motivation:*
  Bei einer extrinsischen Lernmotivation erfolgt das Lernen für einen bestimmten Zweck und um bestimmte Folgen herbeizuführen bzw. zu vermeiden. Motive hierfür sind z.B. gesetzliche Zwänge und Anordnungen.

Für die Unterrichtspraxis ist es wichtig, den Teilnehmern immer wieder Situationen anzubieten und zu schaffen, die eine intrinsische Lernmotivation fördern und anregen, sodass der Erwerb neuer Fähigkeiten ein Anliegen des Lerners wird, auch wenn die Grundmotivation zur Teilnahme am Seminar möglicherweise zunächst eher extrinsischer Art war.

Im Rahmen der Ersthelferausbildung und hier vor allem in den verpflichtenden Seminaren Lebensrettende Sofortmaßnahmen am Unfallort (LSM) ist fast ausschließlich von einer Nicht-Freiwilligkeit der Teilnahme auszugehen. In Betrieben, die ebenfalls ein rechtlich vorgeschriebenes Kontingent an Ersthelfern vorweisen müssen, sieht es nicht viel anders aus. Die Mitarbeiter unterliegen auch hier oftmals dem freiwilligen Zwang, einen Erste-Hilfe-Kurs besuchen zu müssen. Man kann also in der Regel davon ausgehen, dass die Motivation zur Teilnahme nicht von vorneherein hoch ist, weil die Identifizierung mit den Inhalten und Zielen des Seminars nicht oder nur in geringem Maße existiert. Hinzu kommt, dass die derzeit praktizierten Seminarmethoden nicht oder nur zufällig der zumeist extrinsisch motivierten Zielgruppe gerecht werden.

Etwas anders sieht dies bei freiwilligen Erste-Hilfe-Kursen aus, wie etwa Kindernotfall-Seminaren oder zielgruppenspezifischen Kursen, in denen persönliche Bedürfnisse einen wesentlichen Beweggrund zur Teilnahme darstellen.

Es stellt sich also die Frage, inwiefern es möglich ist, im Rahmen der zeitlich begrenzten Ersthelferausbildung dem Teilnehmerkreis bestimmte Reize anzubieten, um auf diese Weise eine intrinsische Lernmotivation anzusprechen, was letztlich Einfluss auf die individuelle Einstellung zur Ersten Hilfe hat und folglich auch auf die Hilfsbereitschaft im tatsächlichen Notfall.

Nachfolgend werden einige Motivationsansätze beschrieben, die den zuvor genannten Zustand berücksichtigen (Bach, David, Hambrock 2003).

- *Die Bedeutung des Helfens:*
  Auch wenn es vermutlich ein hehres Ziel ist, so sollte dennoch die herausgehobene Bedeutung des eigenen Handelns zum Wohle des Nächsten thematisiert werden. Die Hilfe des Laien darf nicht als bedeutungslos oder weniger wichtig als beispielsweise die des Notarztes bewertet werden. Sie sollte sogar als absolut unentbehrlich für das Wohl und das Überleben des Betroffenen bei den Teilnehmern verankert werden. Es muss das Selbstwertgefühl des Helfers stimuliert werden, dass er auf sich und seine Kompetenzen stolz sein kann, einem anderen Menschen unter Umständen das Leben gerettet zu haben. Im Gegensatz dazu kann den Teilnehmern nahe gebracht werden, dass ein Nichthelfen zu inneren Konflikten führen kann, die im Ergebnis zum persönlichen Unwohlsein führen.
- *Eigene Verletzlichkeit und Mitgefühl:*
  Die Teilnehmer sollten ein Bewusstsein dafür entwickeln können, dass sie selbst oder aber ihnen nahestehende Menschen Opfer eines Notfalls sein können und im gleichen Maße der Hilfe anderer bedürfen. Wenn man also den Wunsch hat, Hilfe in Anspruch zu nehmen, so ist es ein moralischer Anspruch, im gleichen Maße Hilfe zu leisten. Dieses (zumindest gedankliche) Erleben der eigenen Hilfsbedürftigkeit gibt den Teilnehmern die Möglichkeit, eine persönliche Motivation aufzubauen.
- *Fehler sind menschlich:*
  Motivieren kann man auch dadurch, dass man den Teilnehmern die Angst vor Fehlern nimmt und sie dadurch positiv zur Hilfeleistung animiert. Häufig bleibt die Hilfeleistung aus, weil sich die Furcht festgesetzt hat, dass durch eine fehlerhafte Hilfe dem Betroffenen ein noch größerer Schaden zugefügt wird. Um diese Bedenken zu zerstreuen, ist es wichtig, dass die Teilnehmer zu der Einsicht gelangen, dass jegliche Art der Hilfe besser ist als überhaupt keine. Sicherlich kann es beispielsweise bei einer Herzdruckmassage zum Rippenbruch kommen, betrachtet man jedoch die Relation, so sind kleine zusätzliche Verletzungen akzeptabel, wenn sie im Gesamtbild den Gesundheitszustand stabilisieren.
- *Wiederholungen geben Sicherheit:*
  Eine Erhöhung der motivationalen Verläufe kann selbstverständlich durch einfach zu erlernende, fachlich fundierte Maßnahmen erreicht werden. Die sichere Beherrschung einfacher, jedoch effektiver Handlungen sowie eine ständige Wiederholung der praktischen Übungen kann Hemmungen abbauen, einen Automatismus bei den wichtigen Handgriffen herbeiführen und so die Handlungsbereitschaft begünstigen. Im zeitlich begrenzten Unterricht sollen die Teilnehmer zumindest den Automatismus »Überblick gewinnen – Mithelfer aktivieren – Absichern – Rettung – Notruf – Einzelmaßnahmen« erlernen. Die Reihenfolge ist dabei nicht statisch, sondern wie jedes Unfallgeschehen dynamisch. Darauf aufbauende Inhalte sind die stabile Seitenlage, die Helmabnahme, das Stillen lebensbedrohlicher Blutungen sowie die Herz-Lungen-Wiederbelebung.
- *Wechselnde Methoden und Sozialformen:*
  Die Gestaltung des Unterrichts kann die Einstellung zur Ersten Hilfe durchaus positiv beeinflussen. Ein lebendig gestaltetes Seminar mit wechselnden Methoden, die die Teilnehmer zur aktiven Mitarbeit animieren und ihre Interessen berücksichtigen, verbunden mit einer angenehmen räumlichen Lernatmosphäre, bieten den Teilnehmern generell ein positives Gesamtgefühl bezogen auf die Erste Hilfe.
- *Äußere Faktoren:*
  Äußere Faktoren können das gleiche Potenzial zur Motivationssteigerung haben wie innere Beweggründe. Äußere Faktoren sind zum Beispiel die gesetzlichen Verpflichtungen zur Hilfeleistung (§ 34 StVO sowie § 323c StGB). Schwierig ist es lediglich, wenn äußere

Faktoren die alleinigen Motivationsfaktoren zur Hilfe sind. Vielmehr sollten intrinsische und extrinsische Motivationsprozesse miteinander kombiniert werden.

Zusammenfassend lässt sich sagen, dass es sinnvoll ist, die bisher bestehenden Lehrpläne der Erste-Hilfe-Ausbildung um den Themenblock »Emotion und Motivation in der Ersthelferausbildung« zu erweitern, so dass die Ziele wie folgt beschrieben werden können:

**Grobziele der Erste-Hilfe-Ausbildung**

**Fachliche Kenntnisse:**
- reduziertes präklinisches Fachwissen,
- Vorgehens-Automatismus,
- Schutzmaßnahmen,
- Erkennen einfacher Symptome.

**Praktische Fertigkeiten:**
- Lagerungsarten, insbesondere stabile Seitenlage,
- Atemspende und Herz-Lungen-Wiederbelebung,
- Anlegen eines Druckverbands,
- Rettung aus Gefahr,
- Helmabnahme.

**Emotionale und motivationale Aspekte:**
- Selbst- und Fremdwahrnehmung zu den Themen Hilfe, Helfen und Hilfsbedürftigkeit,
- Abbau von Hemmungen und Ängsten,
- Förderung von Zivilcourage und Verantwortungsbewusstsein,
- Sensibilisierung für die Bedeutung der Laienhilfe,
- Sicherheit durch ständige Wiederholungen im Kurs.

**Abb. 1 ▶ Grobziele der Erste-Hilfe-Ausbildung**

Losgelöst von der Berücksichtigung didaktischer Prinzipien, Wahrnehmungskanälen und/oder motivationalen Einflüssen hängt jeder Lernprozess auch entscheidend von der Konzentrationsfähigkeit der Teilnehmer ab. So ist nach etwa 45 Minuten konzentrierten Arbeitens diese Fähigkeit eingeschränkt und vermindert sich nachfolgend zusehends. Bietet man den Seminarteilnehmern jedoch Möglichkeiten an, individuelle Pausen nach eigenem Empfinden einzulegen, bewegt sich die Konzentrationsfähigkeit länger im oberen Bereich. Erfahrungsgemäß finden im Rahmen der Ersthelferausbildung hauptsächlich drei Pausentypen Berücksichtigung: kurze Unterbrechungen, Mini-Pausen und etwas längere Auffrischungspausen. Auf lange Mittagspausen wird in der Regel zugunsten des früheren Seminarabschlusses verzichtet.
Kurze Unterbrechungen nehmen die Teilnehmer sich selbst nach Bedarf, indem sie das Unterrichtsgeschehen gedanklich kurz verlassen und ihre Gedanken in die Ferne schweifen lassen. Es gibt unzählige Beispiele für kurze Unterbrechungen (wie etwa aus dem Fenster blicken, einige Male tief durchatmen, sich an Wange, Ohr oder Nase kratzen, kurz dehnen oder strecken usw.). Die kurzen Unterbrechungen laufen selbstständig ab und werden vom Trainer nur selten bewusst herbeigeführt, da sie je nach Person zeitlich und inhaltlich unterschiedlich benötigt werden. Durch gezielte Methoden- oder Medienwechsel kann der Trainer seinen Teilnehmern allerdings Räume für kurze Unterbrechungen schaffen.

Minipausen dauern, wie der Name bereits erahnen lässt, nicht länger als fünf Minuten, wobei es sinnvoll ist, dass die Teilnehmer den Seminarraum oder zumindest den Sitzplatz kurz verlassen, um Sauerstoff zu tanken und dem Kreislauf etwas Bewegung zu gönnen. Kleine Entspannungsübungen oder Lockerungsspiele können die Regenerationsphase unterstützen.

Nach etwa 90 Unterrichtsminuten sollte eine längere Auffrischungsphase von etwa 15 – 20 Minuten eingelegt werden. Dabei ist es sinnvoll, dass die Teilnehmer den Raum verlassen, damit auch die äußeren Umstände zu einer geistigen und körperlichen Entspannung führen können.

### Die Rolle des Trainers im Lernprozess

In den vorausgegangenen Kapiteln wurde bereits einiges zur veränderten Rolle des Trainers gesagt. Dies bezieht sich vor allem auf ein verändertes Selbstverständnis und eine Verschiebung der Gewichtung von Kompetenzen bezogen auf die Ziele, Inhalte, Methoden, die Teilnehmer und die eigene Person. »Notwendig ist die Abkehr von einem Mafia-Modell, bei dem in schwarzen Koffern die geraubten Goldbarren eines Wissensschatzes hinter verschlossenen Türen weitergegeben werden. Wissen ist nicht in Barren zu gießen. Es gibt keine Weitergabe von Kopf zu Kopf. Lehrende sind nicht im Besitz von erstarrtem Wissen« (Faulstich 2003). Vor allem vier grundlegende Kompetenzen werden von Trainern in ihrer veränderten Rolle gefordert:

- Kompetenz im Umgang mit den Lernzielen und Inhalten der Ersten Hilfe,
- Kompetenz im Umgang mit den Lernwegen und Methoden,
- Kompetenz im Umgang mit den Teilnehmern und deren Voraussetzungen,
- Kompetenz im Umgang mit der eigenen Persönlichkeit.

Für jeden dieser Kompetenzbereiche lassen sich Impulse formulieren, die in die Praxis umgesetzt kein perfektes Anforderungsprofil darstellen sollen, jedoch Anregungen und Impulse zur Weiterentwicklung sein können:

- Der Trainer benötigt eine notfallmedizinische Grundausbildung mit Schwerpunkt Erste Hilfe und kennt die Richtlinien, die inhaltlichen Strukturen und die nötigen Handlungsabläufe der Ersten Hilfe.
- Der Trainer vermittelt in seinen Seminaren Wertvorstellungen zu den Themen Helfen und Hilfsbereitschaft.
- Pädagogisches Fachwissen sowie ein breites Methodenrepertoire gehören zur Grundausbildung des Trainers. Daraus bietet er den Teilnehmern durch neue und überarbeitete Seminargestaltungen zum einen verschiedene Lernmöglichkeiten an und erweitert zum anderen seine persönliche Methoden- und Handlungskompetenz.
- Es bereitet dem Trainer Freude und weckt gleichzeitig seine Neugier, gemeinsam mit den Teilnehmern zu arbeiten. Dabei ist er auch offen dafür, immer wieder von und mit den Teilnehmern zu lernen.
- Das Schaffen einer lernfördernden und angenehmen Atmosphäre ist für den Trainer Voraussetzung eines gelungenen Seminars. Dies beinhaltet auch, dass er den Kursteilnehmern Lernhilfen anbietet, die ihren Erfahrungen und Bedürfnissen entsprechen und an den Inhalten der Ersten Hilfe orientiert sind.
- Begeisterungsfähigkeit und Einfühlungsvermögen, um auf jeden einzelnen Teilnehmer einzugehen, sowie Kritikfähigkeit zur Arbeit an der eigenen Persönlichkeit sind die Basis seines Handelns.

**Medieneinsatz in der Ersthelferausbildung**

Der Einsatz von Medien unterstützt die Aufnahme von Lerninhalten über mehrere Wahrnehmungskanäle. Das Sprichwort »Ein Bild sagt mehr als tausend Worte« scheint also nicht aus der Luft gegriffen zu sein.

Als Medien kommen in der Ersthelferausbildung je nach Ausstattung des Standortes Schreibtafel, Whiteboard, Flipchart, Dia-Projektor, Overheadprojektor oder Videobeamer zum Einsatz. Als Unterrichtsmedien sind darüber hinaus Übungsphantome, Foliensätze, Demonstrationsmaterial sowie diverse Modelle geeignet. Vorstellbar sind weiterhin Schreibunterlagen für die Teilnehmer, Arbeitsblätter, Bildkarteien usw.

Unabhängig davon welche Medien eingesetzt werden, gibt es Regeln zum sinnvollen Medieneinsatz:

- *Freie Sicht aller Teilnehmer auf das Medium:* Überprüfen Sie die Sichtverhältnisse vor Kursbeginn, platzieren Sie entweder die Teilnehmer entsprechend oder stellen Sie Ihre Medien um.
- *Lesbarkeit der dargestellten Texte:* Die Handschrift sollte gut lesbar sein. Schreiben Sie in Druckbuchstaben anstatt in Schreibschrift. Groß- und Kleinbuchstaben sind einerseits abwechslungsreicher, in Großbuchstaben kann andererseits fast jeder schön schreiben. Die Schriftgröße auf Folien sollte mindestens 12 mm betragen.
- *Zeit zum Aufnehmen oder Lesen der gezeigten Inhalte:* Immer wenn eine neue Folie aufgelegt wird oder ein fertiges (Tafel-)Bild präsentiert wird, müssen sich die Teilnehmer zuerst mit dem Neuen vertraut machen. Nehmen Sie sich die Zeit für eine kurze Pause, bevor Sie fortfahren.
- *Blickkontakt zum Publikum:* Auch während des Einsatzes der Medien stehen die Teilnehmer im Mittelpunkt und nicht die Leinwand. Reden Sie also nicht zur Wand oder zum Flipchart, sondern zu den Teilnehmern.
- *Nur vorbereitete Medien können optimal eingesetzt werden:* Liegen alle Medien bereit, die eingesetzt werden sollen? Wo befinden sie sich? Liegen notwendige Verbindungskabel in der Nähe? Sind evtl. Klebestreifen oder Nadeln greifbar, um das Flipchart-Papier aufzuhängen? Ist ausreichend Papier vorhanden? Reicht die Kreide aus? Schreiben die Stifte noch oder sind sie eingetrocknet? Sind die Dias in der richtigen Reihenfolge? Ist der Foliensatz vollständig? Funktionieren die Geräte?
- *Medienwechsel beleben das Kursgeschehen:* Mehrere Medien sorgen für Abwechslung und können belebend wirken. Aber Vorsicht: Eilen Sie nicht von einem Medium zum anderen, um nach Flipchart, Whiteboard und Overhead-Folie endlich beim Diaprojektor

zu landen und dabei vergessen haben, den Videofilm abzustellen. Ein gesunder Mittelweg motiviert sowohl den Trainer als auch die Teilnehmer während des Kurses.

### Methoden erwachsenengerechten Lernens

Unter dem Begriff Methodik fasst man vereinfacht die verschiedenen Arten der Unterrichtsgestaltung zusammen – das »Wie« des Unterrichts. Es gibt zahlreiche Unterrichtsformen, die an dieser Stelle nicht alle angesprochen werden können, da sie im Rahmen der Ersthelferschulung von geringer Bedeutung sind. Vielmehr soll nachfolgend in kurzer Form auf jene Methoden eingegangen werden, die in der gegenwärtigen Unterrichtspraxis am häufigsten zum Einsatz kommen (Birkholz, Dobler 2001). Im Anhang werden darüber hinaus weitere Einzelmethoden vorgestellt, die entweder übernommen werden können oder aber als Ideenimpuls zur eigenen Seminargestaltung dienen.

#### Die freie Rede – eine kleine Rhetorikschule

Bei der freien Rede erstellt sich der Trainer einen Stichwortzettel mit einer Grobgliederung des Stoffes. Aufgrund der gründlichen Vorbereitung und der guten Stoffkenntnis ist er anschließend in der Lage, anhand der Grobgliederung die Inhalte gedanklich zu formulieren und vorzutragen.

Damit der Vortrag interessant gestaltet wird und der Trainer trotz der frontalen Unterrichtsform die Teilnehmer erreicht, sollten einige Punkte beachtet werden:

- *Stoffkenntnis:*
  Für einen guten und ruhigen Vortrag ist das Fachwissen und das Beherrschen der praktischen Übungen grundlegend. Keine noch so umfangreiche Stichwortsammlung kann das gesamte erforderliche Wissen beinhalten. Stoffliche Unsicherheiten beeinflussen beim Redner die Souveränität, das Auftreten (und damit seine Gelassenheit), die Glaubwürdigkeit und somit letztlich die natürliche Ausstrahlung.
- *Blickkontakt:*
  Mit etwas Übung kann durch Blickkontakt wahrgenommen werden, wie der Vortrag auf die Teilnehmer wirkt. Ein freundlicher Blick signalisiert Interesse, Aufgeschlossenheit und Einfühlungsvermögen. Während des Vortrags sollte man stets versuchen, Kontakt zu den Teilnehmern zu halten. Ein erfahrener Trainer lässt seinen Blick wandern und bezieht die gesamte Gruppe mit ein. Dadurch vermeidet er es, sich nur auf einige Einzelpersonen zu konzentrieren.
- *Stimmliche Hervorhebung:*
  Eine monotone Sprechweise kann dazu führen, dass die Teilnehmer gedanklich abschweifen. Stimmliche Veränderungen durch bewusst langsames Sprechen, das Heben und Senken der Stimme oder durch Veränderungen der Lautstärke unterstützen das Zuhören. Allerdings sollten nicht alle Variationen auf einmal eingesetzt werden. Außerdem sollte es vermieden werden, ununterbrochen zu reden. Bewusste Redepausen lassen den Teilnehmern Zeit, das Gehörte zu verarbeiten.

#### Das Lehrgespräch

Während die freie Rede eher monologen Charakter hat, steht im Lehrgespräch die ständige Kommunikation zwischen dem Trainer und den Teilnehmern im Mittelpunkt. Der Schwerpunkt liegt dabei in der so genannten »Frage-Antwort-Methode«, d.h. durch Fragen und Antworten der Teilnehmer erarbeiten sie sich die Sachverhalte im gemeinsamen Austausch. Konkret bedeutet das, dass der Trainer zunächst für sich die wichtigsten Punkte zu den jeweiligen Themenkomplexen sammelt und anschließend Impulsfragen zur Erarbeitung dieser Sachverhalte formuliert. Durch diese Unterrichtsform erreicht man in der Regel einen persönlicheren und lebendigeren Kontakt zu den Teilnehmern.

#### Die Gruppenarbeit

Die Gruppenarbeit als Unterrichtsform ermöglicht es dem Trainer, die Initiative zur Erarbeitung eines Lernstoffs auf die Teilnehmer zu übertragen. Sinn der Gruppenarbeit ist es, dass jedes einzelne Mitglied seinen Beitrag und sein Wissen einbringt, damit sich die Kleingruppe den Lernstoff anhand vorgegebener Materialien selbst erarbeitet. Um effektiv arbeiten zu können, bietet sich eine Kleingruppengröße von maximal fünf Personen an.

Die Kleingruppen können sich auf drei Wegen finden:

- Die einzelnen Gruppenmitglieder werden vom Trainer bestimmt und somit vorgegeben.
- Lediglich die Gruppengröße wird vom Trainer vorgegeben; den Teilnehmern bleibt es überlassen, sich selbst nach Belieben zu gruppieren.

- Die Kleingruppen setzen sich ganz zufällig zusammen, etwa durch Losverfahren, Karten ziehen, Abzählen o.Ä.

In Bezug auf die Aufgabenstellung an die Gruppe gibt es ebenfalls mehrere Möglichkeiten:

- Alle Gruppen bekommen dasselbe Thema zur Ausarbeitung. Zum Abschluss der Gruppenarbeitsphase werden die zentralen Punkte gemeinsam bzw. ergänzend herausgearbeitet und dargestellt.
- Die Gesamtaufgabe wird zerlegt, wobei von jeder Gruppe eine Teilaufgabe übernommen wird. Mit dieser Form kann ein größerer Themenkomplex bearbeitet werden. Trotz der unterschiedlichen Teilaufgaben sollten inhaltliche Verknüpfungspunkte bestehen. Diese erlauben es den Kleingruppen, aufgrund der Erkenntnisse Rückschlüsse auf die anderen Bereiche zu ziehen. Auch bei dieser Form trägt jede Gruppe zum Abschluss ihr Ergebnis vor, wobei der Trainer Ergänzungen vornimmt und die zentralen Punkte nochmals hervorhebt.

#### Die Stationsarbeit

Die Unterrichtsform der Stationsarbeit bietet sich sowohl zum Einüben rein praktischer Fertigkeiten an als auch in der Verbindung von Übungen und theoretischem Wissenserwerb. Während der Trainer bei den praktischen Übungen verstärkt die korrekte Ausführung kontrolliert, können theoretische Sachverhalte so vorbereitet sein, dass die Teilnehmer sich selbst kontrollieren. Die Vorgabe, dass sich jeder Teilnehmer mit mindestens einer Aufgabe beschäftigen muss, die er aus dem Angebot selbst wählen kann, vereinfacht den reibungslosen Ablauf einer Stationsarbeit.

Eine solche Arbeitsweise hat für die Teilnehmer zwar einen offenen Charakter, verlangt jedoch vom Trainer eine klare strukturelle Vorgabe. Die verschiedenen Stationen müssen klar abgesteckt sein und am besten voneinander getrennt liegen, damit die Teilnehmer ihre ganze Aufmerksamkeit auf die jeweilige Station richten können. Darüber hinaus benötigt jede Station einen festen Arbeitsauftrag. In der Ersthelferschulung eignet sich eine Stationsarbeit beispielsweise sehr gut als offene Wiederholungs- und Vertiefungsphase gegen Ende eines Seminars.

## Ausbildungsvorschriften und Richtlinien in der Ersthelferausbildung

**Auszug aus den Richtlinien im Sinne § 68 FeV des Straßenverkehrsgesetzes vom 18.03.1991 für die Seminare Lebensrettende Sofortmaßnahmen am Unfallort gem. § 19 FeV**

*Abschnitt II Ziffer 1.1.1, Unterrichtsstoff*

- Abnehmen des Helms,
- allgemeines Verhalten bei Notfällen,
- Auffinden einer Person,
- Atemstillstand, Störungen der Atmung,
- bedrohliche Blutungen, Erste Hilfe bei bedrohlichen Blutungen, Schock,
- Bewusstsein, Bewusstlosigkeit, Störungen des Bewusstseins, stabile Seitenlage,
- Definition »Notfall«,
- Erkennen lebensbedrohlicher Störungen, Maßnahmen zur Feststellung der vitalen Funktionen,
- grundsätzliche Anforderungen,
- Herz-Kreislauf-Stillstand und seine Ursachen,
- Herz-Lungen-Wiederbelebung: Einhelfermethode,
- Notwendigkeit, Verpflichtung zur Hilfeleistung,
- Retten aus dem Gefahrenbereich,
- Rettungskette, Notruf.

*Abschnitt II Ziffer 1.1.2, Vermittlung des Unterrichtsstoffs*

- Bei einer Teilnehmerzahl über zehn Personen soll und bei über 15 Personen muss neben dem Ausbilder in jedem Lehrgang ein Ausbildungshelfer für die praktischen Übungen zur Herz-Lungen-Wiederbelebung zur Verfügung stehen.

*Abschnitt II Ziffer 1.1.3, Dauer des Unterweisungslehrgangs*

- Der Lehrgang muss mindestens vier Doppelstunden dauern (dies entspricht sechs Zeitstunden).

*Abschnitt II Ziffer 4.1, Lehrmittel und Medien*

- Warndreieck, Warnblinkleuchte, Taschenlampe,
- Verbandkasten nach DIN 13164 und weiteres Erste-Hilfe-Material,
- zwei Übungsgeräte für die Durchführung der Herz-Lungen-Wiederbelebung (ein Gerät für jeweils zehn Personen),

- Tafel, Overheadprojektor, Lehrfolien,
- Schutzhelm für Motorradfahrer, Kopfschnittmodell,
- Decken, Teilnehmerbroschüren über den behandelten Unterrichtsstoff,
- Ausbildungsleitfaden, dem neuesten Stand entsprechend.

**Auszug aus den BG-Richtlinien BGG 948 für die Aus- und Fortbildungen in der Ersten Hilfe vom Juni 2003 gemäß Unfallverhütungsvorschrift Erste Hilfe (BGV A5)**

*Ziffer 2.3, Sachliche Voraussetzungen*

- Es müssen die notwendigen Unterrichtsmittel, insbesondere Demonstrations- und Übungsmaterialien sowie geeignete Medien wie Overheadprojektor und Lehrfolien vollzählig und funktionstüchtig zur Verfügung stehen.
- Das Demonstrations- und Übungsmaterial, insbesondere die Geräte zum Üben der Atemspende und der Herzdruckmassage, unterliegen besonderen Anforderungen der Hygiene und müssen nachweislich desinfiziert werden.

Es müssen mindestens folgende Demonstrations- und Übungsmaterialien vorhanden sein:

- Verbandkasten nach DIN 13157,
- Decke,
- Übungsgeräte zur Herz-Lungen-Wiederbelebung (zwei je Lehrgang),
- auswechselbare Gesichtsmasken (eine je Teilnehmer),
- Schutzhelm für Motorradfahrer,
- Rettungsdecke,
- Schere nach DIN 58279-B 190,
- Verbandtuch nach DIN 13152-A,
- Dreiecktuch (eins je Teilnehmer),
- Verbandpäckchen nach DIN 13151-M (eins je Teilnehmer),
- Wundkompresse (eine je Teilnehmer),
- Wundschnellverband nach DIN 13019 (einer je Teilnehmer),
- Einmalhandschuhe nach DIN EN 455-1/455-2 (ein Paar je Teilnehmer),
- Fixierbinde nach DIN 61634-FB 6 (eine je Teilnehmer).

*Ziffer 2.4, Organisatorische Voraussetzungen*
*Ziffer 2.4.1, Anzahl der Teilnehmer*

- An einem Lehrgang sollen in der Regel mindestens zehn und nicht mehr als 15 Personen teilnehmen. Die Teilnehmerzahl darf jedoch, auch bei Anwesenheit eines Ausbildungshelfers, 20 Personen nicht übersteigen.

*Ziffer 2.4.3, Inhalt und Umfang der Lehrgänge*

- Der Ausbildungslehrgang (Anmerkung: EH-Kurs) umfasst mindestens 16 Lehreinheiten, die Fortbildung (Anmerkung: EH-Training) mindestens acht Lehreinheiten, wobei eine Lehreinheit 45 Minuten dauert.

*Anhang 3, Ausbildung von betrieblichen Ersthelfern, Unterrichtsinhalte EH-Kurs (16 UE)*

- Allgemeine Verhaltensweisen bei Unfällen, Notfällen, Rettung,
- Kontaktaufnahme, Prüfen der Vitalfunktion,
- Störungen des Bewusstseins,
- Störungen von Atmung und Kreislauf,
- Knochenbrüche, Gelenkverletzungen,
- Bauchverletzungen,
- Wunden, bedrohliche Blutungen,
- Schock,
- Verbrennungen, thermische Schäden,
- Vergiftungen, Verätzungen.

*Anhang 4, Fortbildung von betrieblichen Ersthelfern, Unterrichtsinhalte EH-Training (8 UE)*

- Allgemeine Verhaltensweisen bei Unfällen, Notfällen, Rettung,
- der vital bedrohte Mensch (3 UE):
  - Prüfen der Vitalfunktionen,
  - Störungen des Bewusstseins,
  - Störungen von Atmung und Kreislauf,
- Fallbeispiele, Rollenspiele (3 UE).

| Kursphasen | Unterrichtsinhalte, Anmerkungen, Arbeitsmaterialien |
|---|---|
| ▶ Begrüßung<br>Dauer: 15 Min. | – Klärung des organisatorischen Rahmens,<br>– Begrüßungsrunde, Kennenlern- und Auflockerungsspiel o.Ä. |
| ▶ Einstiegsphase<br>Dauer: 15 Min. | – Kursleiter- und Teilnehmererwartungen an der Kurs,<br>– Absprache von Zielen, Inhalten und Regeln. |
| ▶ Sensibilisierungsphase<br>Dauer: 15 Min. | – Was ist »Erste Hilfe«?<br>– Eigener Bezug der Teilnehmer zum Thema Helfen,<br>– Selbst- und Fremdwahrnehmung zu den Themenkomplexen Not, Notfall, Unfall, Ängste, Stress, Helfen,<br>– Einzel-, Partner- und Plenumsarbeit. |
| Pause | |
| ▶ Erarbeitungsphase 1: Erste-Hilfe-Maßnahmen<br>Dauer: 30 Min. | – Gruppenarbeit zur Erarbeitung des Hilfsautomatismus Überblick gewinnen, Mithelfer aktivieren, Absichern der Unfallstelle, Rettung, Notruf, Einzelmaßnahmen,<br>– Arbeitsblätter, Texte und Rollenspielaufgaben als Hilfe. |
| ▶ Festigungsphase und Austausch im Plenum<br>Dauer: 15 Min. | – Klärung offener Fragen,<br>– Ergänzung wichtiger Sachverhalte durch den Trainer. |
| ▶ Notfallmedizinischer Fachblock 1<br>Dauer: 50 Min. | – Lehrvortrag durch den Kursleiter: Bewusstseinsstörungen und Bewusstlosigkeit,<br>– praktische Übungsphase: stabile Seitenlage und Helmabnahme. |
| Pause | |
| ▶ Notfallmedizinischer Fachblock 2<br>Dauer: 45 Min. | – Lehrvortrag durch den Kursleiter: Herz-Kreislauf-Störungen und Herz-Kreislauf-Stillstand,<br>– praktische Übungsphase: Herz-Lungen-Wiederbelebung (Ein- und Zweihelfermethode). |
| ▶ Erarbeitungsphase 2: Erste-Hilfe-Maßnahmen<br>Dauer: 35 Min. | – Gruppenarbeit zur Erarbeitung der Themen Stillen von Blutungen, Verbandkasten, Schock,<br>– Arbeitsblätter, Texte und Rollenspielaufgaben als Hilfe. |
| ▶ Festigungsphase und Austausch im Plenum<br>Dauer: 15 Min. | – Klärung offener Fragen,<br>– Ergänzung wichtiger Sachverhalte durch den Kursleiter. |
| Pause | |
| ▶ Wiederholungsphase<br>Dauer: 60 Min. | – Wiederholung und Festigung der Inhalte und des Handlungsautomatismus,<br>– Fallbeispiele und Arbeitsaufträge in Einzel- und Stationsarbeit. |
| ▶ Kursabschluss<br>Dauer: 20 Min. | – Teilnehmer-Feedback und Evaluation,<br>– Ausgabe der Bescheinigungen und Verabschiedung. |

**Abb. 2 ▶ Lehrplan und Gestaltungsvorschlag für ein Seminar Lebensrettende Sofortmaßnahmen am Unfallort (LSM)**

| **Kursphasen** | **Unterrichtsinhalte, Anmerkungen, Arbeitsmaterialien** |
|---|---|
| ▶ Begrüßung<br>Dauer: 15 Min. | – Klärung des organisatorischen Rahmens,<br>– Begrüßungsrunde, Kennenlern- und Auflockerungsspiel o.Ä. |
| ▶ Einstiegsphase<br>Dauer: 15 Min. | – Kursleiter- und Teilnehmererwartungen an der Kurs,<br>– Absprache von Zielen, Inhalten und Regeln. |
| ▶ Sensibilisierungsphase<br>Dauer: 60 Min. | – Was ist »Erste Hilfe«?<br>– Eigener Bezug der Teilnehmer zum Thema Helfen,<br>– Selbst- und Fremdwahrnehmung zum Themenkomplex Not, Notfall, Unfall, Ängste, Stress, Helfen,<br>– Einzel-, Partner- und Plenumsarbeit. |
| Pause | |
| ▶ Erarbeitungsphase 1<br>Erste-Hilfe-Maßnahmen<br>Dauer: 30 Min. | – Gruppenarbeit zur Erarbeitung des Hilfsautomatismus Überblick gewinnen, Mithelfer aktivieren, Absichern, Rettung, Notruf, Einzelmaßnahmen,<br>– Arbeitsblätter, Texte und Rollenspielaufgaben als Hilfe. |
| ▶ Festigungsphase und<br>Austausch im Plenum<br>Dauer: 15 Min. | – Klärung offener Fragen,<br>– Ergänzung wichtiger Sachverhalte durch den Kursleiter. |
| ▶ Notfallmedizinischer<br>Fachblock 1<br>Dauer: 50 Min. | – Lehrvortrag durch den Kursleiter: Bewusstseinsstörungen und Bewusstlosigkeit,<br>– praktische Übungsphase: stabile Seitenlage und Helmabnahme. |
| Pause | |
| ▶ Notfallmedizinischer<br>Fachblock 2<br>Dauer: 45 Min. | – Lehrvortrag durch den Kursleiter: Herz-Kreislauf-Störungen und Herz-Kreislauf-Stillstand,<br>– praktische Übungsphase: Herz-Lungen-Wiederbelebung (Ein- und Zweihelfermethode). |
| ▶ Erarbeitungsphase 2<br>Erste-Hilfe-Maßnahmen<br>Dauer: 35 Min. | – Gruppenarbeit zur Erarbeitung der Themen Stillen von Blutungen, Verbandkasten, Schock,<br>– Arbeitsblätter, Texte und Rollenspielaufgaben als Hilfe. |
| ▶ Festigungsphase und<br>Austausch im Plenum<br>Dauer: 15 Min. | – Klärung offener Fragen,<br>– Ergänzung wichtiger Sachverhalte durch den Kursleiter. |
| Pause | |
| ▶ Wiederholungsphase<br>Dauer: 60 Min. | – Wiederholung und Festigung der Inhalte und des Handlungsautomatismus,<br>– Fallbeispiele und Arbeitsaufträge in Einzel- und Stationenarbeit. |
| ▶ Kursabschluss Tag 1<br>Dauer: 20 Min. | – Teilnehmer- Feedback und Evaluationsmöglichkeit. |

**Abb. 3 ▶ Lehrplan und Gestaltungsvorschlag für ein Erste-Hilfe-Seminar (Tag 1)**

| Kursphasen | Unterrichtsinhalte, Anmerkungen, Arbeitsmaterialien |
|---|---|
| ▶ Begrüßung<br>Dauer: 10 Min. | – Begrüßung und Einstieg in den Tag. |
| ▶ Festigungsphase<br>Dauer: 75 Min. | – Wiederholung der Inhalte von Tag 1,<br>– neue Aspekte: stabile Seitenlage bei Kindern,<br>– praktische Übungsphase: alternative Rettungstechniken. |
| Pause | |
| ▶ Notfallmedizinischer Fachblock 3<br>Dauer: 30 Min. | – Lehrvortrag durch den Kursleiter: Verletzungen am Stütz- und Bewegungsapparat, anatomische Grundlagen, Wundarten und Verbandtechniken. |
| ▶ Erarbeitungsphase 3 Erste-Hilfe-Maßnahmen<br>Dauer: 30 Min. | – Gruppenarbeit zur Erarbeitung der Themen Fremdkörper in Wunden, Knochenbrüche, Amputationen, Teilabrisse, Muskel-, Gelenk- Sehnenverletzungen, Augenverletzungen, Verätzungen, Nasenbluten. |
| ▶ Festigungsphase und Austausch im Plenum<br>Dauer: 30 Min. | – Einzelarbeit nach persönlicher Schwerpunktsetzung (Beispiele: Sportverletzungen, betriebsspezifische Verletzungen, Verletzungen bei älteren Menschen, Verletzungen im Kindesalter),<br>– praktische Übungsphase: Pflastertechniken und Anlegen von Verbänden. |
| Pause | |
| ▶ Notfallmedizinischer Fachblock 4<br>Dauer: 45 Min. | – Gruppenarbeit: Anatomie und Physiologie des Herz-Kreislauf-Systems. |
| ▶ Erarbeitungsphase 4 Erste-Hilfe-Maßnahmen<br>Dauer: 40 Min. | – Gruppenarbeit zur Erarbeitung der Themen Störungen des Bewusstseins, Atemstörungen, Herz-Kreislauf-Störungen,<br>– Arbeitsblätter, Texte und Rollenspielaufgaben als Hilfe,<br>– neue Aspekte: Vergiftungen, Stromunfälle, Krampfanfälle, Verlegung der Atemwege, Fremdkörperaspiration, Brustkorbverletzungen, Herzinfarkt, Angina pectoris,<br>– praktische Übungsphase: Herz-Lungen-Wiederbelebung (Ein- und Zweihelfermethode). |
| ▶ Präsentation und Austausch im Plenum<br>Dauer: 30 Min. | – Klärung offener Fragen,<br>– Ergänzung wichtiger Sachverhalte durch den Kursleiter. |
| Pause | |
| ▶ Notfallmedizinischer Fachblock 5<br>Dauer: 25 Min. | – Physiologie und Entgleisungen des Thermoregulationssystems,<br>– Fallbeispiele, Merkmale und Maßnahmen zu den Einzelthemen Verbrennung und Verbrühung, Unterkühlung und Erfrierung, Sonnenstich, Hitzschlag, Hitzeerschöpfung. |
| ▶ Festigungsphase<br>Dauer: 40 Min. | – Einzelarbeit nach persönlicher Schwerpunktsetzung (Beispiele: Erste Hilfe bei Menschen mit Behinderung, Rauschzustände, Krisenmanagement bei Massenunfall oder Tod, Diabetes mellitus, HIV, Hepatitis, Organspende, Kindernotfälle),<br>– Arbeitsblätter, Texte und Übungsaufgaben als Hilfe. |
| ▶ Kursabschluss<br>Dauer: 15 Min | – Teilnehmer-Feedback und Evaluation,<br>– Ausgabe der Bescheinigungen und Verabschiedung. |

Abb. 4 ▶ Lehrplan und Gestaltungsvorschlag für ein Erste-Hilfe-Seminar (Tag 2)

# Medizinische Grundlagen für die Ersthelferausbildung

## Allgemeine Verhaltensweisen bei Unfällen, Notfällen und Rettung

**Lernziele:**
Nach dieser Einheit können die Teilnehmer
- ▶ den Begriff »Notfall« unter besonderer Berücksichtigung der Bedeutung des Sauerstoffs für das menschliche Leben erläutern,
- ▶ die gesetzliche und moralische Verpflichtung zur Hilfeleistung erklären,
- ▶ die eigene Gefahrensituation in Notfallsituationen einschätzen und adäquate Maßnahmen zum Eigenschutz einleiten,
- ▶ die Rettungskette erklären,
- ▶ unterschiedliche Meldemittel erläutern und mit ihnen einen Notruf vollständig absetzen,
- ▶ die richtige Notrufnummer nennen,
- ▶ eine Unfallstelle adäquat absichern,
- ▶ Verunglückte aus Kraftfahrzeugen retten,
- ▶ Verunglückte aus einem Gefahrenbereich retten,
- ▶ einem liegenden Patienten eine Decke unterlegen sowie
- ▶ Maßnahmen zur psychischen Betreuung durchführen.

**Praktische Inhalte*:**

* AD (Ausbilderdemonstration): Die Maßnahme wird vom Trainer demonstriert, erläutert und ggf. von einzelnen Teilnehmern geübt.
* TÜ (Teilnehmerübung): Die Maßnahme wird vom Trainer demonstriert, erläutert und von allen Teilnehmern bis zur sicheren Beherrschung geübt. Die Maßnahmen sollen grundsätzlich in ihrem Gesamtablauf sowie unter Berücksichtigung der psychischen Betreuung des Patienten geübt werden.

- ▶ Rettungsgriff zum Bergen aus einem Kraftfahrzeug (AD),
- ▶ Rettungsgriff am Boden (AD),
- ▶ Unterlegen einer Decke (TÜ),
- ▶ Maßnahmen zur psychischen Betreuung (TÜ).

### Die Rettungskette

Die Versorgung der Verletzten vom Unfallgeschehen bis hin zum Krankenhaus wird in einem aktuellen Modell als viergliedriges Kettensystem dargestellt:

- ▶ Lebensrettende Sofortmaßnahmen am Unfallort,
- ▶ Erste Hilfe,
- ▶ Rettungsdienst/Transport,
- ▶ ärztliche Versorgung.

Entscheidend für die Darstellungsform der Rettungs*kette* sind zwei Aspekte:

- ▶ Die Versorgung findet lückenlos statt.
- ▶ Die Maßnahmen greifen ineinander und sind direkt voneinander abhängig.

Da es im Notfall bis zum Eintreffen des Rettungsdienstes einige Minuten dauert, kommt dem Ersthelfer in dieser Phase eine exklusive Rolle zu, die die ersten zwei Glieder der Rettungskette beinhaltet. Die Notwendigkeit zur Hilfeleistung in den ersten Minuten ist anhand der Kettenstruktur gut zu veranschaulichen. Nur so kann die Weiterversorgung durch Rettungsdienstpersonal und Ärzte Erfolg versprechend sein.

Lebensrettende Sofortmaßnahmen am Unfallort:

- ▶ Absichern der Unfallstelle,
- ▶ Retten aus dem Gefahrenbereich,
- ▶ Kontaktaufnahme mit dem/den Verletzten,
- ▶ Absetzen des Notrufs.

Im Rahmen der Ersten Hilfe werden Verletzte sachgerecht gelagert, kleinere Wunden versorgt und der Patient psychisch betreut. Die Erste Hilfe als zweites Glied der Kette beinhaltet also je nach medizinischer Indikation:

- ▶ Wiederbelebung,
- ▶ Stillen lebensbedrohlicher Blutungen,
- ▶ stabile Seitenlage bei Bewusstlosigkeit,
- ▶ Schockbekämpfung
- ▶ und die weitere Betreuung der Verletzten bis zum Eintreffen des Rettungsdienstes, soweit dies dem Ersthelfer möglich ist.

Der Notruf muss einerseits so schnell wie möglich abgesetzt werden, andererseits sollten die Hilfeleistungen am Unfallort dadurch nicht unterbrochen werden. Ist nur ein Helfer vor Ort, muss die Rettungskette insofern modifiziert werden, als dass es heißt: »Phone first!« – also: zuerst den Notruf absetzen!

**Rechtliche Grundlagen**

Wenn die Gesundheit bedroht ist, werden bei jedem Menschen existenzielle Ängste wach. Man hofft, von schweren Erkrankungen, Notfällen oder Unfällen verschont zu bleiben. Allerdings kann jeder in eine Notsituation geraten. Wer sachgerechte Hilfe erwartet, sollte aber auch bereit sein, zu helfen, wenn es andere trifft. Dies ist nicht nur eine zwischenmenschliche Verpflichtung, sondern auch im Strafgesetzbuch (StGB) durch § 323c geregelt.

Viele Menschen bringen Erste Hilfe mit Unfällen im Straßenverkehr in Verbindung, die irgendwo passieren können. Dass Notfälle oft im unmittelbaren Lebensumfeld geschehen und dass nahestehende Menschen unsere Hilfe brauchen, wird nur allzu leicht vergessen.

Den Teilnehmern soll weiterhin deutlich werden, dass auch in nicht direkt lebensbedrohlichen Situationen Erste Hilfe benötigt werden kann, wie z.B. bei Verletzungen im Haushalt, bei Sportverletzungen oder bei Arbeitsunfällen.

> § 323c StGB
> *»Wer bei Unglücksfällen oder gemeiner Gefahr oder Not nicht Hilfe leistet, obwohl dies erforderlich und ihm den Umständen nach zuzumuten, insbesondere ohne erhebliche eigene Gefahr und ohne Verletzung anderer wichtiger Pflichten möglich ist, wird mit Freiheitsstrafe bis zu einem Jahr oder mit Geldstrafe bestraft.«*

> § 34cStVO
> *»... nach einem Unfall hat jeder Beteiligte sofort zu halten, sich über die Unfallfolgen zu vergewissern, den Verkehr zu sichern und Verletzten zu helfen.«*

Häufig ergibt sich im Seminar die Frage, was bei falscher Hilfeleistung passiert. Hier kann darauf verwiesen werden, dass nur dann mit einer Bestrafung zu rechnen ist, wenn die Schädigung grob fahrlässig oder vorsätzlich herbeigeführt worden ist (§ 680 BGB). Grob fahrlässig handelt, wer »... nicht das beachtet, was im gegebenen Fall jedem Menschen einleuchten müsste und einfachste, ganz naheliegende Überlegungen nicht angestellt hat« (Kommentar zu § 277 BGB).

Die Teilnehmer sollen animiert werden, jede Möglichkeit der Hilfeleistung wahrzunehmen, um auch die letzte Rettungschance zu nutzen. Die Folgen einer nicht erfolgten Hilfeleistung sind in der Regel immer schwerwiegender als die spontane und schnelle Hilfe eines Laien.

**Unfälle im Straßenverkehr / Absichern der Unfallstelle**

Gerade im Straßenverkehr müssen Helfer sowohl auf die eigene als auch auf die Sicherheit aller Beteiligten achten, seien es die Verletzten oder der nachfolgende Verkehr. Daher ist das Absichern der Unfallstelle die erste Maßnahme, die vom Ersthelfer durchzuführen ist.

Es wird folgendes Vorgehen empfohlen:

- Schalten Sie das Warnblinklicht an, sobald Sie die Unfallstelle erkennen und bremsen Sie stotternd ab. Dadurch warnen Sie die nachfolgenden Verkehrsteilnehmer.
- Fahren Sie langsam an die Unfallstelle heran und stellen Sie das Fahrzeug mit einem Sicherheitsabstand von etwa 10 – 15 Metern vor der Unfallstelle am rechten Straßenrand ab. Nachts können Sie die Unfallstelle mit Hilfe Ihres Abblendlichts ausleuchten.
- Nehmen Sie Ihr Warndreieck aus dem Fahrzeug, bauen es noch am Fahrzeug auf und gehen dem Verkehr mit hochgehaltenem Warndreieck entgegen.
- Stellen Sie das Warndreieck in angemessenem Abstand gut sichtbar am rechten Fahrbahnrand ab:
  ca. 200 m auf Autobahnen,
  ca. 100 m auf Landstraßen,
  ca. 50 m innerhalb von Ortschaften.
- An unübersichtlichen Stellen, wie etwa Kurven oder Bergkuppen, sollte der Abstand entsprechend größer sein.
- Nachfolgende Fahrzeuge können Sie mit Handzeichen oder einer Taschenlampe warnen.
- Wenn Sie eine Warnblinkleuchte haben, stellen Sie diese zusätzlich zwischen dem Unfallort und dem Warndreieck am Fahrbahnrand auf.
- Um je nach Unfallsituation auch den Gegenverkehr zu warnen, können Sie weitere Verkehrsteilnehmer zur Mithilfe auffordern. Verteilen Sie dabei konkrete Aufgaben.

Nicht nur bei Verkehrsunfällen ist das Absichern wichtig. Auch in Betrieben oder auf Skipisten ist auf die Sicherheit der Beteiligten zu achten!

### Unfälle im Straßenverkehr / Retten aus Gefahr

Grundsätzlich sollte ein Ersthelfer verletzte Personen nicht verlagern. Dennoch gibt es Situationen, in denen eine schnelle Rettung der Verletzten aus akuten Gefahrensituationen unvermeidlich ist.

Bei Verkehrsunfällen kann beispielsweise die Fahrbahn eine solche Gefahrensituation darstellen, da

- der nachfolgende Verkehr trotz Absicherung die Unfallstelle zu spät bemerken kann,
- Gefahrengut oder auslaufendes Benzin die Sicherheit gefährden oder
- Behandlungsmöglichkeiten in lebensbedrohlichen Zuständen eingeschränkt sein können.

Der Rautek-Rettungsgriff bietet auch schwächeren Personen die Möglichkeit, verletzte Person zu bewegen.

Wenn der Verletzte über Schmerzen im Brustbereich oder Atembeschwerden klagt, sollte der Rautek-Rettungsgriff durch zwei Helfer erfolgen, die den Verletzten an den Achselhöhlen greifend nach hinten ziehen.

Kann eine verletzte Person nach einem Unfall das Fahrzeug nicht mehr selbstständig verlassen, muss sie aus dem Wagen gerettet werden. Aber Vorsicht: Die Füße des Verletzten können beim Herausziehen an der Türschwelle hängen bleiben oder auf die Fahrbahn aufschlagen. Ein zweiter Helfer sollte unterstützend eingreifen, indem er die Füße hält.

### Hilfsautomatismus »Überblick gewinnen – Mithelfer aktivieren – Absichern – Rettung – Notruf – Einzelmaßnahmen«

Jeder Notfall bedeutet für den Ersthelfer Stress in mehrfacher Hinsicht. Da man einem Notfall fast ausnahmslos plötzlich, unerwartet und vor allem unvorbereitet gegenübersteht, versetzt einen allein diese »fremde und bedrohliche« Situation in einen Stresszustand. Sind Bekannte, Freunde oder gar enge Familienmitglieder von dem Notfall betroffen, erhöht sich der Stressfaktor um ein Vielfaches, da der emotionale Bezug zum Verletzten sehr viel enger ist.

Im Straßenverkehr kommen möglicherweise Schnee, Glatteis, Hitze, Kälte, Nässe, Dunkelheit oder der Anblick von Autowracks als Stress fördernde Faktoren hinzu. Blut, Erbrochenes, Schmerzensschreie oder äußerlich sichtbare Verletzungen unterstützen die Unbehaglichkeit des Ersthelfers.

**Hilfsautomatismus**

**Überblick gewinnen**
Atmen Sie erst einmal ganz bewusst kurz und tief durch und überlegen Sie dann, was überhaupt geschehen ist.

**Mithelfer aktivieren**
Schauen Sie sich um, ob andere Menschen in der Nähe sind, die Sie gezielt ansprechen und um Mithilfe bitten können.

**Absichern und Retten**
Im Mittelpunkt jeder Hilfeleistung steht der Schutz und die Sicherheit der eigenen Person und der Verletzten.

**Notruf absetzen**
Phone first: Setzen Sie so schnell wie möglich den Notruf ab, um professionelle Hilfe anzufordern.

**Einzelmaßnahmen**
Versuchen Sie, dem Verletzten nach bestem Wissen zu helfen. Denken Sie daran, dass Sie nur die erste Hilfe sind. Häufig reicht ein beruhigendes Zureden bereits aus.

Abb. 5 ▶ Hilfsautomatismus

Die bevorstehenden Aufgabenbelastungen steuern ihr übriges zur Komplexität eines Notfalls bei.

Aus diesen Gründen ist es wichtig, den Seminarteilnehmern einen Hilfsautomatismus an die Hand zu geben, der es ihnen ermöglicht, im Notfall einen Einstieg in die Erste-Hilfe-Maßnahmen zu finden und somit die erste Unsicherheit etwas einzudämmen. Die Aufgabe des Ersthelfers besteht lediglich darin, die Zeit bis zum Eintreffen des Rettungsdienstpersonals zu überbrücken. Häufig reicht dazu ein beruhigendes Zureden bereits aus.

Auf der Basis dieses Automatismus bauen alle weiteren Maßnahmen, wie beispielsweise das Stillen von Blutungen oder die Durchführung der Helmabnahme auf.

### Der Notruf

Da ein Laie immer nur erste Hilfsmaßnahmen einleiten kann, ist es eine seiner wichtigsten Aufgaben, möglichst schnell ausgebildetes Hilfspersonal zu alarmieren. Am besten ist es, wenn der Helfer selbst am Unfallort bleiben kann, während andere Personen den Notruf absetzen.

Dies ist mit Hilfe unterschiedlicher Meldemittel möglich:

- Über das Telefon unter den Notrufnummern 112 oder 110. Diese Telefonnummern werden im Telefonnetz vorrangig geschaltet und sind selbst bei einer Überlastung des Netzes frei. Da sie über eine eigene Energieversorgung

| Absetzen des Notrufs (Telefon 112 und 110) |
|---|
| **WAS ist passiert?**<br>Handelt es sich z.B. um einen Verkehrsunfall, eine Erkrankung, ein Feuer, eine Schlägerei oder, oder, oder? |
| **WO ist der Notfall passiert?**<br>Möglichst exakte Ortsangabe (z.B. Straße, Hausnummer, Etage, Name auf dem Klingelschild, Fahrtrichtung auf der Autobahn o.Ä.). |
| **WIE VIELE Verletzte oder Erkrankte gibt es?**<br>Die Angaben sind deshalb wichtig, damit genügend Rettungsdienstpersonal eingesetzt wird. |
| **WELCHE Verletzungen sind zu erkennen?**<br>Sind Personen in lebensbedrohlichem Zustand?<br>Sind Verletzte im Fahrzeug eingeklemmt? |
| **WARTEN AUF RÜCKFRAGEN!**<br>Das Warten auf evtl. Rückfragen ist besonders wichtig, da womöglich nicht alle Meldungen eindeutig verstanden wurden oder aber etwas Wesentliches vergessen wurde! |

Abb. 6 ▶ Absetzen eines Notrufs

verfügen, sind sie auch bei Stromausfall benutzbar.

- Für das Absetzen des Notrufs mit Hilfe eines Mobiltelefons gilt grundsätzlich das Gleiche. Eine gültige Netzkarte ist für die Nummern 110 und 112 ebenso wenig erforderlich wie das Wählen einer Vorwahl.
- In einigen Bundesländern wird man über die Rufnummer 19222 direkt mit der zuständigen Rettungsleitstelle verbunden. Aber Vorsicht: Befindet man sich außerhalb des Ortsnetzes, in dem die Rettungsleitstelle ist, muss man möglicherweise erst noch die entsprechende Vorwahl wählen. Außerdem wird diese Nummer im Telefonnetz nicht vorrangig geschaltet und ist im Gegensatz zu den Nummern 112 und 110 nicht gebührenfrei.
- Die Telefonnotrufnummer 112 ist europaweit gültig.
- Von öffentlichen Telefonzellen aus ist der Notruf jederzeit gebührenfrei ohne Geld oder Telefonkarte möglich.
- Notrufsäulen stehen an Autobahnen und vielen Landstraßen in einer Entfernung von 2 – 4 km. Auf den weißen Leitpfosten am Straßenrand befinden sich kleine schwarze Pfeile, die in Richtung der nächstgelegenen Notrufsäule zeigen.

Das allgemein übliche Schema des Notrufs besteht aus vier Fragen und einer Aufforderung, den so genannten »5 Ws«.

**Zur Bedeutung der Psychischen Ersten Hilfe**
Ein Ersthelfer wird im Normalfall eher selten auf schwere Unfälle treffen, bei denen das Leben eines Patienten von seinem sofortigen Handeln abhängt. Wesentlich häufiger kommt es vor, dass der Verletzte nach einem Unfall (sei es im Straßenverkehr, beim Sport oder im Haushalt)

- unter Schock steht,
- sich machtlos oder verunsichert fühlt
- und Angst um seine Gesundheit oder gar um sein Leben hat.

In solchen Situationen kann es zu Reaktionen kommen, die für Erwachsene ungewöhnlich scheinen, wie etwa Weinen, Fluchtversuche oder ein allgemein eher kindliches Verhalten. Auch zitternde Knie, Schweißausbrüche oder Brechreiz können der Situation entsprechend völlig normale Reaktionen sein.

Dementsprechend gilt es für den Ersthelfer, Ruhe zu bewahren. Die ausgestrahlte Ruhe und Sicherheit wird sich schnell auf den Patienten übertragen, der sich in kompetenten Händen und gut behandelt fühlt.

Von Frank Lasogga und Bernd Gasch stammt die so genannte »4-S-Regel«:

- »*Sage, dass Du da bist und was geschieht!*
Der Verletzte soll spüren, dass er in seiner Situation nicht allein ist. Gehen Sie zu dem Betroffenen und stehen Sie nicht herum. Schon der Satz »Ich bleibe bei Ihnen, bis der Krankenwagen kommt« wirkt entlastend und beruhigend. Der Patient sollte auch über vorgenommene Maßnahmen informiert werden (z.B.: »Der Krankenwagen ist unterwegs.«).
- *Schirme den Verletzten vor Zuschauern ab!*
Neugierige Blicke sind für einen Verletzten immer unangenehm. Weisen Sie Schaulustige freundlich, aber bestimmt zurück (...). Wenn Zuschauer stören, weil sie unnötige Ratschläge geben oder von eigenen Erlebnissen berichten, geben Sie ihnen eine Aufgabe. Sagen Sie z.B.: »Schauen Sie, ob die Unfallstelle abgesichert ist!«, »Fahren Sie bitte zum Ortseingang und weisen den Rettungswagen ein!«, »Halten Sie bitte die Zuschauer auf Distanz und sorgen Sie für Ruhe!«
- *Suche vorsichtigen Körperkontakt!*
Leichter körperlicher Kontakt wird von

Verletzten als angenehm und beruhigend empfunden. Halten Sie deshalb die Hand oder die Schulter des Betroffenen. Berührungen am Kopf oder anderen Körperteilen sind hingegen nicht zu empfehlen. Begeben Sie sich auf die gleiche Höhe wie der Verletzte (...). Wenn der Verletzte durch Kleidungsstücke eingeengt wird, friert, unbequem liegt oder Kleidungsstücke zerrissen sind, sollte man dies beheben (...).

- *Sprich und höre zu!*
  Sprechen kann für den Verletzten wohltuend sein. Wenn der Betroffene redet, hören Sie geduldig zu. Sprechen Sie auch von sich aus möglichst in ruhigem Tonfall – selbst zu Bewusstlosen! Vermeiden Sie Vorwürfe. Fragen Sie den Verletzten: »Kann ich etwas für Sie tun?« (...) Sollten Sie Mitleid verspüren, scheuen Sie sich nicht, es zu zeigen.«

(Lasogga, Gasch 2002, S. 115f.)

Psychische Erste Hilfe heißt auf keinen Fall,

- dem Verletzten Vorwürfe zu machen,
- furchterregende Diagnosen zu stellen, Übertreibungen oder Zynismus an den Tag zu legen,
- Hektik durch blinden Aktionismus am Unfallort zu verbreiten,
- Unsicherheit oder
- abgestumpftes Verhalten gegenüber dem Verletzten anstatt Anteilnahme zu zeigen.

#### Die psychische Betreuung von Kindern

Die Reaktionen von Kindern in Notfallsituationen sind unberechenbar. Abhängig vom Bewusstseinszustand, den Schmerzen und dem Alter kann mit mehr oder weniger Hysterie gerechnet werden.

In der Regel weinen Kinder in Notsituationen, egal ob sie Schmerzen oder Angst haben. Zusätzlich zu den Regeln, die zur psychischen Betreuung Erwachsener zu beachten sind, gibt es Besonderheiten im Umgang mit Kindern:

- Als Beistand eignen sich Stofftiere ganz besonders. Vielleicht überlegen Sie sich, ein solches Trostpflaster ins Auto zu legen. Allerdings kann auch schon ein aufgeblasener und bemalter Einmalhandschuh den Zweck erfüllen.
- Die Anzahl der Personen am Unfallort sollte so klein wie möglich gehalten werden. Außerdem sind Personenwechsel möglichst zu vermeiden, so dass das Kind einen festen Bezug hat. Diese Rolle können idealerweise auch die Eltern übernehmen, sofern sie nicht selbst zu aufgeregt sind.
- Eine freundliche, ruhige Stimme und ein Lächeln oder eine kleine Geschichte können Wunder wirken. Nehmen Sie das Kind in seiner Persönlichkeit ernst! Beachten Sie aber auch, dass Kinder während ihrer Entwicklung Phasen durchlaufen, die vom starken Erleben ihrer Phantasie begleitet werden. Kinder können Ihnen beispielsweise über Bauchschmerzen berichten, obwohl der wirkliche Schmerz womöglich woanders sitzt. Vorsichtig sollten Sie auch hinsichtlich Mengenangaben sein (z.B. der Anzahl geschluckter Tabletten usw.).

## Kontaktaufnahme / Prüfen der Vitalfunktionen / Notfall-Definition

**Lernziele:**
Nach dieser Einheit können die Teilnehmer

- grundsätzliche Maßnahmen in Notfallsituationen nach anerkannten und geltenden Regeln systematisch anwenden,
- das Bewusstsein eines Betroffenen kontrollieren und hinsichtlich lebensbedrohlicher Situationen beurteilen,
- die Atmung des Betroffenen prüfen und hinsichtlich lebensbedrohlicher Situationen beurteilen,
- den Kreislauf kontrollieren und/oder sonstige Lebenszeichen hinsichtlich lebensbedrohlicher Situationen beurteilen,
- Verletzte sachgerecht betreuen.

**Praktische Inhalte*:**

* TÜ (Teilnehmerübung): Die Maßnahme wird vom Trainer demonstriert, erläutert und von allen Teilnehmern bis zur sicheren Beherrschung geübt. Die Maßnahmen sollen grundsätzlich in ihrem Gesamtablauf sowie unter Berücksichtigung der psychischen Betreuung des Patienten geübt werden.

- Feststellen des Bewusstseins (TÜ),
- Feststellen der Atemfunktion (TÜ),
- Feststellen der Kreislauffunktion bzw. von Lebenszeichen (TÜ)

Das Leben jedes Menschen ist an ein ungestörtes Zusammenwirken aller Organe und Funktionssysteme gebunden. Dabei gibt es Körperfunktionen, die zum Überleben unbedingt erforderlich sind, die so genannten Vitalfunktionen. Dazu zählen Bewusstsein, Atmung und die Herz-Kreislauf-Tätigkeit. Wenn eine oder mehrere dieser Funktionen in ihrem Zusammenspiel gestört sind, besteht akute Lebensgefahr, die es schnellstmöglich zu behandeln gilt.

Friedrich Wilhelm Ahnefeld definiert einen Notfall wie folgt: »Als Notfallpatient wird derjenige Patient bezeichnet, bei dem es infolge eines Traumas (einer Verletzung) oder einer lebensbedrohlichen akuten Erkrankung zu einer Störung der das Leben sichernden vitalen Funktionen (Atmung, Herz-Kreislauf) gekommen ist oder bei dem sich eine solche Störung als Folge eines akuten Ereignisses anbahnt oder auch nur zu befürchten ist« (Ahnefeld 1984).

**Bewusstsein**
Unter Bewusstsein versteht man die Fähigkeit des Menschen, sich räumlich und zeitlich zu orientieren, auf Reize zu reagieren und auf Fragen zu antworten. Das Bewusstsein können Sie durch Ansehen, Ansprechen und Anfassen kontrollieren.

**Atmung**
Über die Atmung nimmt der menschliche Körper den lebensnotwendigen Sauerstoff auf. Gleichzeitig wird Kohlendioxid aus dem Körper ausgeschieden. Ein Erwachsener atmet ca. 15-mal pro Minute; die Atemfrequenz von Kindern ist je nach Lebensalter größer. Die Atemkontrolle erfolgt durch Beobachten des Brustkorbs und Fühlen der Atembewegung durch Auflegen der Hände auf Rippenbogen und Oberbauch.

**Herz-Kreislauf-System**
Das Herz, die Blutgefäße und das Blut bilden das Herz-Kreislauf-System. Das Herz, das sich etwa in der Mitte des Brustkorbs befindet, hält als Pumpe den Kreislauf aufrecht. Die Herzspitze liegt leicht nach links versetzt auf dem Zwerchfell auf. Durch die Herzklappen und das zyklische Zusammenziehen der Muskulatur wirkt das Herz wie eine Pumpe, die den Kreislauf aufrechterhält. Bei einer Größe, die etwa der der eigenen Faust entspricht, pumpt das Herz eines Erwachsenen mit durchschnittlich 60 – 80 Schlägen pro Minute etwa 5 – 7 Liter Blut durch den Körper.

Die Blutgefäße werden unterteilt in Arterien und Venen. Arterien führen vom Herzen weg und verzweigen sich im Körper in immer dünner werdende Verästelungen bis hin zu kleinsten Haargefäßen, den Kapillaren. Dort werden Sauerstoff und Nährstoffe an die Zellen abgegeben und im Gegenzug Stoffwechselprodukte aufgenommen. Die Kapillargefäße wiederum gehen in kleinste Venen über, die sich zum Herzen hin immer weiter vergrößern. In den Venen fließt das Blut zum Herzen zurück. Da der Druck in den Venen wesentlich geringer ist als in den Arterien, sorgen Venenklappen dafür, dass das Blut tatsächlich nur zum Herzen hinfließt.

Die Kreislauftätigkeit kann man entweder am Handgelenk oder an der Halsschlagader durch Ertasten des Pulses prüfen. Dabei muss man darauf achten, dass man nicht mit dem Daumen, sondern mit dem Zeige- und Mittelfinger den Puls ertastet. Außerdem sollte der Puls an der Halsschlagader auf beiden Seiten gefühlt werden – jedoch niemals gleichzeitig, sondern nacheinander! Da der Puls mitunter allerdings nur schwer zu ertasten ist, sollte der Verletzte besser auf allgemeine Lebenszeichen, wie etwa Reaktionen, Bauchbewegungen oder die Hautfärbung kontrolliert werden.

Das Blut besteht etwa zur einen Hälfte aus festen Bestandteilen (roten und weißen Blutkörperchen sowie Blutplättchen). Die andere Hälfte besteht aus flüssigem Blutplasma.

Das Blut erfüllt im menschlichen Organismus folgende Funktionen:

- Transportmittel für Sauerstoff, Nährstoffe, Kohlendioxid und Abfallprodukte,
- Wärmeregulator,
- Abwehr von eindringenden Krankheitserregern,
- Wundheilung durch die Blutgerinnung.

## Bewusstseinsstörungen und Bewusstlosigkeit

**Lernziele:**
Nach dieser Einheit können die Teilnehmer

- die Gefahren bei Bewusstlosigkeit beurteilen,
- die stabile Seitenlage durchführen,
- bewusstlosen Motorradfahrern den Helm abnehmen,
- einen Schlaganfall erkennen und entsprechende Maßnahmen durchführen,

- hirnbedingte Krampfanfälle erkennen und entsprechende Maßnahmen durchführen.

**Praktische Inhalte*:**

* AD (Ausbilderdemonstration): Die Maßnahme wird vom Trainer demonstriert, erläutert und ggf. von einzelnen Teilnehmern geübt.
* TÜ (Teilnehmerübung): Die Maßnahme wird vom Trainer demonstriert, erläutert und von allen Teilnehmern bis zur sicheren Beherrschung geübt. Die Maßnahmen sollen grundsätzlich in ihrem Gesamtablauf sowie unter Berücksichtigung der psychischen Betreuung des Patienten geübt werden.

- stabile Seitenlage (TÜ),
- Abnehmen des Helmes durch zwei Helfer (TÜ),
- besonderer Eigen- und Fremdschutz bei Krampfanfällen (AD).

### Störungen des Bewusstseins

Ein Mensch, der bei Bewusstsein ist, kann in der Regel Außenreize über die Sinnesorgane aufnehmen und ist in der Lage, geordnete Bewegungsabläufe auszuführen. Bei Bewusstseinsstörungen leidet der Betroffene unter Kopfschmerzen, Übelkeit, Benommenheit und Erinnerungslücken. Kommt es zum vollständigen Aussetzen des Bewusstseins, spricht man vom Zustand der Bewusstlosigkeit.

#### Ursachen

- Gewalteinwirkungen auf den Kopf (z.B. durch einen Schlag oder Aufprall auf einen festen Gegenstand),
- Gefäßverschlüsse bzw. Gefäßverengungen im Gehirn (z.B. Schlaganfall),
- hirnbedingte Krampfanfälle (z.B. Epilepsie oder Fieberkrämpfe),
- Verletzungen und Erkrankungen mit Atem- und Kreislaufstörungen (z.B. Verletzungen im Brustkorb oder Herzinfarkt),
- Stoffwechselstörungen (z.B. der Nieren, der Leber oder Blutzucker),
- Vergiftungen (z.B. Tabletten, Alkohol, Lebensmittel etc.),
- extreme Witterungsbedingungen (z.B. Hitzschlag, Sonnenstich, Unterkühlung).

Die Ursachen sollten im Seminar nur punktuell angesprochen werden. Es ist wichtiger, dass die Teilnehmer die Gefahren und geeignete Maßnahmen kennen lernen.

#### Symptome

Dass ein Mensch bewusstlos ist, erkennt man daran, dass er weder ansprechbar ist noch auf Reize von außen reagiert. Außerdem ist die Muskulatur völlig erschlafft. Der Zustand ist vergleichbar mit einem Tiefschlaf, aus dem man nicht erweckt werden kann.

#### Gefahren

Die größte Gefahr der Bewusstlosigkeit besteht in der Verlegung der Atemwege.

- Aufgrund der erschlafften Muskulatur kann die Zunge durch Zurücksinken die Atemwege im Rachenraum verschließen.
- Erbrochenes, Blut, Speichel oder andere Fremdkörper können durch Anatmen (Aspiration) und durch den fehlenden Hustenreflex zum Ersticken führen.

#### Maßnahmen

- Sofort Notruf absetzen!
- Atemwege kontrollieren (Mundhöhle säubern): Schauen Sie nach, ob sich im Mundraum Erbrochenes, Blut oder Fremdkörper befinden und entfernen Sie diese. Mit dem Daumen halten Sie den Kiefer des Verletzten geöffnet, während Sie mit den Fingern der anderen Hand den Mundraum säubern (Einmalhandschuhe nicht vergessen!).
- Lebensrettender Handgriff (Überstrecken des Halses): Fassen Sie den Bewusstlosen an Kinn und Stirnansatz und beugen Sie den Kopf vorsichtig nach hinten, so dass der Hals überstreckt ist. Dadurch wird der Zungengrund angehoben und die oberen Atemwege sind freigelegt.
- Kontrolle allgemeiner Lebenszeichen (Bewegung, Atmung und Puls): Durch die Kontrolle allgemeiner Lebenszeichen erhalten Sie die Rückmeldung über den Erfolg der vorherigen Maßnahmen bzw. Aufschlüsse über das weitere Vorgehen.
- Weiterversorgung je nach Zustand des Verletzten (Seitenlage, Wiederbelebung).

#### Ablaufschema bei Bewusstlosigkeit

Erkennen der Bewusstlosigkeit durch Ansehen, Ansprechen, Anfassen: Sprechen Sie den Verletzten zunächst laut an. Durch Anfassen kann im Anschluss die Reaktionsfähigkeit geprüft werden.

- *Weiterversorgung durch die stabile Seitenlage*: Sofern ein bewusstloser Mensch noch atmet, darf er auf keinen Fall auf dem Rücken liegen bleiben, da er sonst ersticken würde. Für einen Verletzten in diesem Zustand ist es wichtig, dass Flüssigkeiten wie Blut oder Erbrochenes aus dem Mund abfließen können und die Zunge nicht die Atemwege verlegt. Eine geeignete Lagerungsform bietet die stabile Seitenlage. Aber auch in der stabilen Seitenlage müssen die allgemeinen Lebenszeichen regelmäßig kontrolliert werden. Außerdem sollte der Verletzte unbedingt zugedeckt werden, um die Eigenwärme zu erhalten.

| Maßnahmen bei Bewusstseinsstörungen | | |
|---|---|---|
| **Bewusstsein** | vorhanden ▶ | **trösten und beruhigen** |
| **allgemeine Lebenszeichen** | vorhanden ▶ | |
| **Bewusstsein** | nicht vorhanden ▶ | **stabile Seitenlage** |
| **allgemeine Lebenszeichen** | vorhanden ▶ | |
| **Bewusstsein** | nicht vorhanden ▶ | **Herz-Lungen-Wiederbelegung** |
| **allgemeine Lebenszeichen** | nicht vorhanden ▶ | |

ABB. 7 ▶ Maßnahmen bei Bewusstlosigkeit

### Helmabnahme

Es lässt sich nicht pauschal beantworten, ob es sinnvoll ist, wenn Ersthelfer bei einem Motorradfahrer den Helm abnehmen. Es gibt jedoch Situationen, in denen der Zustand des Verletzten keine andere Wahl lässt.

Dies ist der Fall, wenn

- der Motorradfahrer bewusstlos ist,
- die Vitalfunktionen beeinträchtigt sind (Atem- oder Kreislaufstillstand),
- Erstickungsgefahr besteht, da Blut, Erbrochenes oder sonstige Fremdkörper oder Flüssigkeiten aus dem Mund rinnen.

In diesen Fällen können die erforderlichen lebensrettenden Maßnahmen nur nach der Helmabnahme ergriffen werden.

In allen anderen Fällen bleiben die Entscheidung und auch die Abnahme des Helms den Betroffenen überlassen. Die Helmabnahme muss durch zwei Helfer erfolgen!

### Hirnbedingte Krampfanfälle (Epilepsie)

Die Ursache von unkontrollierten Nervenimpulsen und unwillkürlichen Krampfanfällen liegt in einer Fehlfunktion im Gehirn begründet. Krampfanfälle können auf Körperregionen begrenzt sein oder aber den ganzen Körper betreffen.

#### SYMPTOME

Während des Krampfanfalls:

- Häufig »Initialschrei«,
- Bewusstseinsverlust und etwa 30-sekündige Muskelverkrampfung,
- anschließend bis zu drei Minuten dauernde Zuckungen,
- Zungenbiss, Einnässen, Schaumbildung vor dem Mund.

Nach dem Krampfanfall:

- Zeitliche und örtliche Orientierungslosigkeit,
- Bewusstseinsstörungen bei sich normalisierender Atmung,
- Müdigkeit und Nachschlafphase.

#### MASSNAHMEN

- Sofort Notruf absetzen!
- Den Betroffenen vor Eigenverletzungen schützen (Entfernen scharfkantiger Gegenstände aus der unmittelbaren Umgebung),
- krampfende Körperteile auf keinen Fall festhalten,
- nach der Krampfphase den bewusstlosen Patienten in die stabile Seitenlage bringen,
- ständige Kontrolle der allgemeinen Lebenszeichen und Freihalten der Atemwege.

## Herz-Kreislauf-Störungen und Herz-Kreislauf-Stillstand

**Lernziele:**

Nach dieser Einheit können die Teilnehmer

- lebensrettende Maßnahmen bei Fremdkörperaspiration durchführen,
- Atemstörungen erkennen und entsprechende Maßnahmen durchführen,
- Unfälle durch elektrischen Strom erkennen und entsprechende Maßnahmen durchführen,
- Herzinfarkt und Angina pectoris erkennen und entsprechende Maßnahmen durchführen,

- ▶ Atem- und Kreislaufstillstand sicher erkennen,
- ▶ Herz-Lungen-Wiederbelebung (Einhelfer- und Zweihelfermethode) durchführen.

**Praktische Inhalte*:**

* AD (Ausbilderdemonstration): Die Maßnahme wird vom Trainer demonstriert, erläutert und ggf. von einzelnen Teilnehmern geübt.
* TÜ (Teilnehmerübung): Die Maßnahme wird vom Trainer demonstriert, erläutert und von allen Teilnehmern bis zur sicheren Beherrschung geübt. Die Maßnahmen sollen grundsätzlich in ihrem Gesamtablauf sowie unter Berücksichtigung der psychischen Betreuung des Patienten geübt werden.

- ▶ Entfernen von Fremdkörpern (AD),
- ▶ Kontrolle von Bewusstsein, Atmung, Kreislauf und Lebenszeichen (TÜ),
- ▶ atemerleichternde Lagerungen (AD),
- ▶ Herz-Lungen-Wiederbelebung (TÜ),
- ▶ Atemspende Mund-zu-Mund und Mund-zu-Nase (TÜ),
- ▶ Herzdruckmassage (TÜ).

Kann der Ersthelfer innerhalb kürzester Zeit (maximal zehn Sekunden) weder Atmung noch allgemeine Lebenszeichen erkennen, befindet sich der Verletzte in einer akut lebensbedrohlichen Situation. Innerhalb weniger Minuten treten im Gehirn bleibende Schäden auf, die bis hin zum Gehirntod führen. In kaum einer anderen Situation ist es so wichtig, dass der Ersthelfer ohne zeitliche Verzögerung mit den lebenserhaltenden Maßnahmen der Herz-Lungen-Wiederbelebung beginnt. Die Herz-Lungen-Wiederbelebung setzt sich zusammen aus der Atemspende und der Herzdruckmassage.

## Atemspende

Setzt die Atmung aus, wird der Organismus nicht mehr mit dem notwendigen Sauerstoff versorgt. Diese Aufgabe übernimmt der Ersthelfer durch die Atemspende, die unverzüglich beginnen muss. Da beim Menschen ein hoher Anteil des eingeatmeten Sauerstoffs (21%) wieder ausgeatmet wird (17%), reicht die Ausatemluft aus, um den Verletzten durch die Atemspende mit genügend Sauerstoff zu versorgen.

Eine erfolgreiche Atemspende ist sowohl über die Nase des Verletzten als auch durch Mund-zu-Mund-Beatmung möglich.

### Mund-zu-Nase-Beatmung

Der Kopf des Verletzten ist überstreckt. Mit einer Hand wird sein Mund geschlossen, damit die Luft nicht wieder entweichen kann (dabei kann der Daumen über den Lippenbereich gelegt werden). Die andere Hand liegt am Stirnansatz.

Nach einer nicht zu starken Einatmung wird die Nase des Verletzten mit dem weit geöffneten Mund großflächig umschlossen und die eigene Luft in die Atemwege des Betroffenen geatmet. Dabei ist darauf zu achten, dass keine Luft zur Seite entweicht.

Nach jeder Beatmung wird der eigene Kopf zur Seite gedreht, damit der Verletzte ausatmen kann. Außerdem kann man durch Beobachten des Brustbereichs die Ausatmung kontrollieren und gleichzeitig frische, sauerstoffreiche Luft wieder einatmen.

### Mund-zu-Mund-Beatmung

Mit Daumen und Zeigefinger der einen Hand wird die Nase des Verletzten geschlossen. Die andere Hand fixiert das Kinn des Verletzten und überstreckt dessen Kopf. Anschließend wird der Mund des Verletzten mit dem weit geöffneten eigenen Mund umschlossen und beatmet. Das weitere Vorgehen entspricht dem der Mund-zu-Nase-Beatmung.

Die Mund-zu-Mund-Beatmung hat den Nachteil, dass die beatmete Luft womöglich nicht vollständig in die Luftröhre gelangt, sondern teilweise über die Speiseröhre in den Magen gerät. Dies kann zu einer Überblähung des Magens und somit zu der Gefahr des Erbrechens führen.

### Sonderfälle

- ▶ *Beatmung von Kleinkindern und Säuglingen:* Kleinkinder und Säuglinge werden über Mund und Nase gleichzeitig beatmet. Ausschlaggebend ist hierbei die geringe Größe der Gesichtspartie. Der Kopf wird nur leicht in den Nacken überstreckt. Die Atemspende erfolgt sehr behutsam und entsprechend der natürlichen Atemfrequenz eines Kindes (etwa 30 – 40-mal pro Minute).
- ▶ *Mund-zu-Stoma-Beatmung:*
  Diese äußerst seltene Methode kommt dann zum Einsatz, wenn die zu beatmende Person ein Stoma (Öffnung) im Halsbereich besitzt. Vor allem bei Patienten mit überstandenem Kehlkopf- oder Stimmbänderkrebs kann dies der Fall sein. Es muss in solchen Fällen keine

Kopfüberstreckung durchgeführt werden. Die Patienten werden direkt durch das Stoma beatmet.

### Herz-Lungen-Wiederbelebung

Das Herz arbeitet wie eine Pumpe, die den Blutkreislauf aufrechterhält. Setzt diese Pumpe aus, bedarf es der Hilfe von außen, um den Sauerstoff, der durch die Atemspende in den Körper gelangt, zu transportieren. Durch Druck auf das Brustbein wird das Herz gegen die Wirbelsäule gepresst und Blut aus dem Herzen ausgestoßen. In den Entlastungsphasen füllt sich das Herz wieder.

Voraussetzungen für die Durchführung der Herz-Lungen-Wiederbelebung:

- Der Betroffene muss auf einer harten Unterlage liegen.
- Der Betroffene sollte flach auf dem Rücken liegen.
- Der Oberkörper des Patienten sollte frei sein (d.h. Kleidung hochschieben, aufschneiden oder aufreißen).

Atemspende und Herzdruckmassage erfolgen immer im Wechsel, wobei die Zeit zwischen den Wechseln nicht länger als fünf Sekunden dauern soll. Je nach Anzahl der Helfer, die zur Herz-Lungen-Wiederbelebung zur Verfügung stehen, unterscheidet man zwischen der Einhelfermethode und der Zweihelfermethode.

#### Einhelfermethode

Wird die Herz-Lungen-Wiederbelebung von einem Helfer durchgeführt, so wird immer im Wechsel 2-mal beatmet und 30-mal gedrückt. Die Frequenz der Herzdruckmassage liegt bei etwa 100 Schlägen pro Minute. In regelmäßigen Abständen erfolgt eine Kontrolle der allgemeinen Lebenszeichen.

#### Zweihelfermethode

Bei zwei Helfern führt ein Helfer die Atemspende, der andere die Herzdruckmassage durch. Das Verhältnis von Atemspende und Herzdruckmassage ist analog zur Einhelfermethode. Da diese Form der Herz-Lungen-Wiederbelebung wirkungsvoller und weniger anstrengend ist, sollte sie nach Möglichkeit bevorzugt werden. Auch bei dieser Methode müssen regelmäßig die allgemeinen Lebenszeichen kontrolliert werden.

Das Verhältnis von Beatmen und Drücken ist bei der Einhelfermethode und der Zweihelfermethode mit 2:30 identisch.

#### Ende der Herz-Lungen-Wiederbelebung

Die Herz-Lungen-Wiederbelebung dürfen Sie als Ersthelfer erst dann einstellen, wenn

- die allgemeinen Lebenszeichen des Verletzten wieder einsetzen,
- eingetroffenes Fachpersonal die Herz-Lungen-Wiederbelebung übernimmt oder
- ein Arzt die Herz-Lungen-Wiederbelebung für beendet erklärt.

Gemäß den Richtlinien über die Durchführung von Kursen in Lebensrettenden Sofortmaßnahmen am Unfallort (LSM) müssen zwei wichtige organisatorische Maßnahmen erfüllt werden:

- Ab dem 11. Teilnehmer ist ein zweites Beatmungsphantom vorgeschrieben.
- Ab dem 16. Teilnehmer muss ein Ausbildungshelfer bei der praktischen Übung anwesend sein.

### Stromunfälle

Haushaltsgeräte, Maschinen sowie zahlreiche Freizeitartikel werden über Niederspannung, den so genannten Haushaltsstrom, versorgt. Beim Berühren einer elektrischen Leitung wird der menschliche Körper in den Stromkreis mit einbezogen. Bei größeren Stromstärken kommt es zu Verbrennungen an den Ein- und Austrittsstellen des Stromes. Da die Muskulatur auf den Strom mit z.T. heftigen Verkrampfungen reagiert, kann sich der Betroffene meist nicht selbst von der Stromquelle befreien.

#### Symptome

- Bewusstseinsstörungen bis zur Bewusstloslgkeit,
- der Betroffene hält den Stromleiter krampfend fest,
- Verbrennungen oder Verkohlungen,
- evtl. Atemstillstand bis hin zum Herz-Kreislauf-Stillstand.

#### Massnahmen

- Sofort Notruf absetzen!
- Unbedingt Eigenschutz beachten!
- Unterbrechung des Stromkreises (Abschalten des Gerätes oder der Sicherung, Benutzen

nicht leitender Gegenstände, wie z.B. Holz oder eine dicke Zeitung),
- Kontrolle der allgemeinen Lebenszeichen,
- weitere Erste-Hilfe-Maßnahmen,
- keimfreie Bedeckung der Brandwunden.

Bei Stromunfällen im Hochspannungsbereich ist bereits die Annäherung an den Verletzten gefährlich. Die Rettung darf nur durch Personen erfolgen, die mit Hochspannungsanlagen vertraut sind.

### Fremdkörper in den Atemwegen

Fremdkörper gelangen vor allem beim Essen in die Atemwege. Zu hastiges Essen, gleichzeitiges Sprechen oder Lachen oder das Verschlucken eines Bonbons können Ursachen sein. Relativ häufig kommt es bei Kleinkindern zu solchen Situationen, da diese gerade in den ersten Lebensjahren Gegenstände in den Mund nehmen.

#### Symptome

- typische Situation: plötzlich während des Essens einsetzend,
- Betroffener greift sich instinktiv an den Hals,
- Husten mit Atemnot, evtl. Würgereiz,
- pfeifende Atemgeräusche,
- bläuliche Gesichtsfarbe.

#### Massnahmen

- Sofort Notruf absetzen!
- Der Betroffene lehnt sich mit dem Oberkörper nach vorne.
- Der Helfer klopft anschließend mit der flachen Hand kräftig zwischen die Schulterblätter des Verletzten.
- Kleine Kinder legt man entweder über das Knie oder fasst sie nach Möglichkeit mit einer Hand an den Füßen, lässt sie kopfüber hängen und klopft ihnen leicht auf den Rücken.

### Insektenstiche

Vor allem in den Sommermonaten besteht die Gefahr, während des Essens oder Trinkens von einem Insekt im Mund-Rachen-Raum gestochen zu werden. Der Giftstoff sorgt dabei für eine heftige Schwellung innerhalb kürzester Zeit. Die Atemwege werden eingeengt und es besteht vor allem bei Allergikern Lebensgefahr.

#### Symptome

- plötzlich einsetzende Atemnot,
- Schmerzen, Rötung und Schwellung,
- große Aufregung und Erstickungsangst.

#### Massnahmen

- Sofort Notruf absetzen!
- Kühlen von außen mit Eisbeuteln oder kalten Umschlägen,
- Kühlen von innen durch Lutschen von Eiswürfeln oder Speiseeis,
- bei Bewusstlosigkeit: je nach Zustand stabile Seitenlage oder Atemspende.

### Herzinfarkt und Angina pectoris

Herzinfarkte und Angina-pectoris-Anfälle gehören aufgrund von Stress, Bewegungsmangel, ungesunder Ernährung sowie übermäßigem Zigaretten- und Alkoholkonsum zu den am weitesten verbreiteten Volkskrankheiten.

Während bei der Angina pectoris eine krankhafte Verengung der Herzkranzgefäße zu einem akuten Sauerstoffmangel des Herzmuskels führt, verschließen beim Herzinfarkt festsitzende Blutgerinnsel die Herzkranzgefäße und somit die dahinter liegenden Blutgefäße, die in der Folge absterben. Die Angina pectoris ist somit ein vorübergehendes Notfallbild, bei dem die Symptome durch die notwendige Ruhe und Schonung wieder abklingen.

Beide Krankheitsbilder sind vom Laien nur schwer voneinander zu unterscheiden. Daher werden sie auch im Rahmen der Ersten Hilfe gleichermaßen versorgt.

#### Symptome

- typische Situation: sitzende Person mit Atemnot,
- plötzlich eintretende Schmerzen in Brust, Hals, Bauch, Rücken oder im linken Arm,
- Beklemmungsgefühl in der Brust und Atemnot,
- blasse und kaltschweißige Haut,
- eventuell Bewusstseinsstörungen.

#### Massnahmen

- Sofort Notruf absetzen!
- den Betroffenen zur absoluten Ruhe auffordern,
- atemerleichternde Haltung (Oberkörper hoch lagern),
- einengende Kleidung öffnen,
- für Frischluftzufuhr sorgen,
- beruhigende Atemanweisungen geben.

## Knochenbrüche / Gelenkverletzungen

**Lernziele:**
Nach dieser Einheit können die Teilnehmer
- Knochenbrüche und Gelenkverletzungen erkennen und entsprechende Maßnahmen (insbesondere einfache Ruhigstellungsmaßnahmen) durchführen.

**Praktische Inhalte*:**

- Ruhigstellung mit einfachen Hilfsmitteln, Armtragetuch und Dreiecktuch (TÜ)

* TÜ (Teilnehmerübung): Die Maßnahme wird vom Trainer demonstriert, erläutert und von allen Teilnehmern bis zur sicheren Beherrschung geübt. Die Maßnahmen sollen grundsätzlich in ihrem Gesamtablauf sowie unter Berücksichtigung der psychischen Betreuung des Patienten geübt werden.

### Anatomische Grundlagen zum Stütz- und Bewegungsapparat

Der Stütz- und Bewegungsapparat des Menschen setzt sich aus dem Knochenskelett, Gelenken, Muskeln, Sehnen und Bändern zusammen.

#### Knochenskelett

Das Skelett besteht aus insgesamt etwa 200 einzelnen Knochen, die durch Knorpel oder Bänder zusammengehalten werden.

Die Knochen des Skeletts üben eine Doppelfunktion aus. Zum einen schützen sie empfindliche Organe vor Gewalteinwirkungen von außen (so wird das Gehirn vom Schädelknochen umschlossen, die inneren Organe vom Brustkorb und das Rückenmark wird durch die Wirbelsäule geschützt). Zum anderen stützen die Knochen den Körper und sorgen von Muskeln und Sehnen betätigt für die Bewegung einzelner Körperteile wie z.B. das Heben eines Armes oder das Drehen des Kopfes.

In ihrem Aufbau sind alle Knochen ähnlich. Die äußere Hülle bildet eine feine Hautschicht, die mit zahlreichen Nervenfasern versehen und bei Verletzungen sehr schmerzempfindlich ist. Unter dieser Knochenhaut befindet sich die stark durchblutete Knochenrinde, die sich nach innen in ein feines Gitterwerk kleinster Knochenbälkchen verästelt. Die dabei entstehenden Hohlräume (vor allem bei Röhrenknochen) sind mit gelbem, fetthaltigem Knochenmark ausgefüllt.

#### Gelenke

Gelenke sind bewegliche Verbindungen zwischen zwei oder mehr Knochen. Die zusammentreffenden Knochen sind jeweils von einer Knorpelschicht überzogen und durch einen schmalen Gelenkspalt voneinander getrennt, in dem sich die Gelenkschmiere befindet. Das Gelenk wird durch die Gelenkkapsel zusammengehalten und nach außen abgeschlossen.

#### Muskeln, Sehnen und Bänder

Spricht man in der Ersten Hilfe von Muskeln, so ist damit hauptsächlich die Skelettmuskulatur gemeint. Sie kann über Befehle des Gehirns willentlich gespannt oder entspannt werden und steuert dadurch die Bewegung der Knochen.

Über Sehnen sind die einzelnen Muskelgruppen an den Knochen befestigt. Sie bestehen aus zugfesten Fasern und halten dadurch z.T. sehr hohe Belastungen aus. Bänder, deren Aufbau den Sehnen gleicht, verbinden einzelne Knochen miteinander und verstärken die Gelenke, um ihnen mehr Stabilität zu verleihen.

### Verletzungen am Bewegungsapparat

Die meisten Verletzungen des Stütz- und Bewegungsapparates entstehen durch äußere Gewalteinwirkungen, wie z.B. einen Stoß, einen Aufprall oder einen Schlag. Aber auch ein einfaches Umknicken kann eine Knochen- oder Bandverletzung zur Folge haben.

Man kann unterscheiden zwischen Knochenbrüchen, Gelenkverletzungen und Muskelverletzungen

### Knochenbrüche

Es gibt offene und geschlossene Knochenbrüche. Während bei einem geschlossenen Bruch die Haut im Wundbereich unverletzt bleibt, entsteht bei einem offenen Bruch durch das Durchstoßen eines Knochenteils eine sichtbare Hautwunde. Aus der Wunde können Teile des Knochens heraustreten, häufig ist jedoch nur eine kleine, leicht blutende Wunde sichtbar. In diesem Fall besteht eine hohe Infektionsgefahr. Daher ist der offene Knochenbruch frühzeitig steril abzudecken.

#### Symptome

- Fehlstellungen der betroffenen Extremität,
- abnorme Beweglichkeit,
- evtl. sichtbare Knochenteile, die aus der Wunde ragen, sowie

- starke Schmerzen, Anschwellen, Schonhaltung und Funktionseinschränkungen.

**Allgemeine Maßnahmen**

- Sofort Notruf absetzen!
- Offene Knochenbrüche werden wegen der Infektionsgefahr keimfrei abgedeckt.
- Bei geschlossenen Brüchen wird das Kühlen der verletzten Region ohne Druck als Schmerz lindernd empfunden. Außerdem wirkt es einer entstehenden Schwellung entgegen.
- Bruchstelle über die angrenzenden Gelenke mit weichem Material abpolstern und ruhigstellen (z.B. mit Decken, Taschen, Kleidungsstücken, Kissen oder einem Dreiecktuch).
- Unterstützung der Schonhaltung des Verletzten bzw. Lagerung nach eigenem Wunsch.
- Zudecken und beruhigen bis zum Eintreffen des Rettungsdienstes.

**Maßnahmen bei Brüchen der Wirbelsäule**

Die besondere Gefahr von Knochenbrüchen im Wirbelsäulenbereich besteht in der Verletzungsgefahr des Rückenmarks, das im Wirbelkanal verläuft. Dadurch kann es zu Einschränkungen der Beweglichkeit und der Sensibilität oder zu Lähmungserscheinungen kommen.

- Sofort Notruf absetzen!
- Der Verletzte sollte in der vorgefundenen Lage durch Umpolsterung des gesamten Körpers ruhig gestellt werden.
- Außerdem sollte er möglichst nicht bewegt werden und vor allem nicht aufstehen.
- Bei bewusstlosen Personen haben die lebensrettenden Sofortmaßnahmen (stabile Seitenlage, Herz-Lungen-Wiederbelebung) Priorität!

**Maßnahmen bei Schädelverletzungen**

Die Bandbreite der Schädelverletzungen reicht von einer leichten Gehirnerschütterung bis hin zum Schädel- oder Schädelbasisbruch. Eine genaue Differenzierung ist für den Ersthelfer meist nicht möglich. Bei schweren Kopfverletzungen müssen Sie immer mit Atem- und Herz-Kreislauf-Störungen rechnen.

- Sofort Notruf absetzen!
- Lebensrettende Sofortmaßnahmen beachten!
- Erhöhte Lagerung des Kopfes, damit der Druck im Kopf abnimmt.
- Der Betroffene darf nicht allein gelassen werden.

**Maßnahmen bei Rippenbrüchen und Brustkorbverletzungen**

Brüche einzelner Rippen sind meist relativ harmlos, jedoch äußerst schmerzhaft. Neben diesen Schmerzen beim Atmen, gehören eine rasch zunehmende Atemnot und Schocksymptome zu den Hauptanzeichen für einen Rippenbruch. Wird durch den Unfall allerdings die Lunge verletzt, besteht Lebensgefahr.

- Sofort Notruf absetzen!
- Der Verletzte sollte atemerleichternd mit etwas erhöhtem Oberkörper gelagert werden. Berücksichtigen Sie aber auch den Lagerungswunsch des Verletzten.

**Maßnahmen bei Gesichtsverletzungen:**

Nach unglücklichen Stürzen auf das Gesicht kann es zu starken Blutungen im Gesichtsbereich kommen. Dabei besteht immer die Gefahr, dass Blut in den Mund- und Rachenraum fließt, an dem der Verletzte ersticken könnte.

- Sofort Notruf absetzen!
- Lagerung des Verletzten auf dem Bauch, den Kopf am besten auf die verschränkten Arme. Das Blut muss nach außen abfließen können.
- Darauf achten, dass die Atemwege frei bleiben.

### Gelenkverletzungen

- *Verdrehung, Verstauchung:*
  Bei einer Verstauchung werden die Gelenkteile durch Gewalteinwirkung kurzzeitig aus ihrer normalen Position verschoben. Durch das gleichzeitige Überdehnen der Gelenkkapsel werden häufig auch Bänder und Blutgefäße in Mitleidenschaft gezogen.
- *Verrenkung*
  Auch bei einer Verrenkung werden die Gelenkteile aus ihrer Normalposition verschoben, mit dem Unterschied, dass sie nicht mehr in ihre gewohnte Position zurückspringen, sondern in der abnormen Stellung verbleiben. Auch hierbei kann es zusätzlich zu erheblichen Verletzungen des Kapsel-Band-Apparates kommen. Die Symptome gleichen denen der Verstauchung, hinzu kommen eine offensichtliche Fehlstellung des Gelenks sowie starke Bewegungseinschränkungen.

**Massnahmen**

- Sofort Notruf absetzen!
- Eine exakte Diagnose der Gelenkverletzung ist einem Ersthelfer meist nicht möglich. Daher muss sich der Verletzte unbedingt zu einem Arzt begeben.
- Auf gar keinen Fall dürfen ausgerenkte Gelenke vom Laienhelfer wieder eingerenkt werden.
- Das Gelenk sollte nach Möglichkeit nicht belastet, sondern ruhig gestellt werden.
- Neben sofortigem Kühlen kann auch eine erhöhte Lagerung zur Linderung der Schmerzen und der Schwellung beitragen.

### Bänderverletzungen

Bänderverletzungen treten häufig kombiniert oder als unmittelbare Folge von Gelenkverletzungen auf.

Formal unterscheidet man dabei zwischen Dehnungen, Anrissen und Abrissen. Symptome sind starke Schmerzen und Schwellungen, wobei die Größe der Schwellung nichts über die Schwere der Verletzung aussagt.

### Muskel- und Sehnenverletzungen

Muskelverletzungen werden unterteilt in:

- Zerrungen (Überdehnung der Muskelfasern),
- (Faser-)Risse (Zerreißen einzelner Muskelfasern oder ganzer Stränge) und
- Prellungen oder »Pferdekuss« (Weichteilquetschung häufig mit Bluterguss).

Während Zerrungen und Risse in der Regel durch ungewohnte Belastungen oder Überbeanspruchung entstehen, tritt die Prellung in den unterschiedlichsten Lebenssituationen auf. Eine Prellung ist zwar schmerzhaft, jedoch relativ ungefährlich.

Sehnenabrisse können zuzüglich zu den starken Schmerzen und der Schwellung eine Unbeweglichkeit oder eine Fehlstellung der betroffenen Extremität zur Folge haben.

**Massnahmen**

- Anlegen eines kühlenden Druckverbands an der verletzten Stelle. Dazu wird ein in Eiswasser getränkter Schwamm auf die Haut gelegt, der dann mit einer ebenfalls gut gekühlten elastischen Binde fest umwickelt wird.
- Die betroffene Muskelgruppe sollte nach Möglichkeit nicht mehr belastet werden, sondern man sollte sie ruhig stellen und erhöht lagern.

## Bauchverletzungen

**Lernziele:**

Nach dieser Einheit können die Teilnehmer

- Verletzungen im Bauchraum erkennen und entsprechende lebensrettende Maßnahmen durchführen.

**Praktische Inhalte*:**

- Lagerung zur Entspannung der Bauchdecke (AD)

* AD (Ausbilderdemonstration): Die Maßnahme wird vom Trainer demonstriert, erläutert und ggf. von einzelnen Teilnehmern geübt.

Bauchverletzungen werden unterschieden in stumpfe (geschlossene) und offene Verletzungen. Geschlossene Bauchverletzungen treten nach stumpfer Gewalt wie etwa nach Unfällen, Schlägereien oder Misshandlungen auf und sind von außen nur schwer zu erkennen. Daher wird die Gefahr von inneren Blutungen häufig unterschätzt. Anders ist dies bei offenen Bauchverletzungen beispielsweise durch Pfählungs-, Schuss- oder Stichverletzungen, die leicht erkennbar sind.

**Symptome**

- Starke Bauchschmerzen und eine gespannte, harte Bauchdecke,
- der Betroffene nimmt meist eine Schonhaltung ein,
- sichtbare äußere Verletzungsanzeichen oder Prellmarken,
- evtl. Schockmerkmale.

**Massnahmen**

- Sofort Notruf absetzen!
- Den Betroffenen beruhigen, zudecken und vor Zuschauern abschirmen.
- Den Betroffenen in eine bauchschonende Lagerung bringen, möglichst mit etwas erhöhtem Oberkörper und leicht angewinkelten Knien.

- Rauchen, Alkohol und Nahrungsaufnahme verbieten und den Verletzten bis zum Eintreffen des Arztes liegen lassen.
- Weitere Maßnahmen nach Zustand des Verletzten.

## Wunden / bedrohliche Blutungen

**Lernziele**

Nach dieser Einheit können die Teilnehmer
- grundsätzliche Verhaltensweisen bei Wunden anwenden,
- lebensbedrohliche Blutungen erkennen und entsprechende Maßnahmen durchführen,
- mit vorhandenen Verbandmitteln eine Wunde versorgen,
- Maßnahmen bei Fremdkörpern in Wunden durchführen,
- Maßnahmen bei Fremdkörpern auf der Bindehaut eines Auges und auf der Augenoberfläche anwenden,
- Blutungen aus der Nase versorgen,
- Amputationsverletzungen versorgen.

Praktische Inhalte*:

* AD (Ausbilderdemonstration): Die Maßnahme wird vom Trainer demonstriert, erläutert und ggf. von einzelnen Teilnehmern geübt.
* TÜ (Teilnehmerübung): Die Maßnahme wird vom Trainer demonstriert, erläutert und von allen Teilnehmern bis zur sicheren Beherrschung geübt. Die Maßnahmen sollen grundsätzlich in ihrem Gesamtablauf sowie unter Berücksichtigung der psychischen Betreuung des Patienten geübt werden.

- Wundversorgung mit Verbandmitteln aus dem Verbandkasten durchführen (AD/TÜ),
- Abdrücken am Oberarm (TÜ),
- Druckverband am Arm (TÜ),
- Druckverband am Bein (AD),
- Kleinamputate versorgen (AD).

### Wundarten

Jede Wunde ist zunächst eine Verletzung der Haut. Diese Verletzung kann auf unterschiedliche Weisen entstehen, z.B. durch Gewalteinwirkung oder aber durch Umwelteinflüsse wie Hitze, Kälte, Säure oder Strom. Je nach Wundursache werden die verschiedenen Wundarten benannt. Demnach unterscheidet man: Schürfwunden, Stichwunden, Schusswunden, Schnittwunden, Quetschwunden, Ätzwunden, Risswunden, Platzwunden oder Brandwunden.

Eine bedrohliche äußere Blutung ist relativ leicht zu erkennen, da das Blut aus einer sichtbaren Wunde austritt. Nasse oder rötlich gefärbte Flecken auf der Kleidung sind auf blutende Wunden hin zu untersuchen.

An dieser Stelle sei besonders darauf hingewiesen, dass Ersthelfer immer Einmalhandschuhe tragen sollten, wenn die Möglichkeit des Kontaktes mit Körperflüssigkeiten des Verletzten besteht.

#### Allgemeine Maßnahmen

- Sofort Notruf absetzen!
- Patienten hinlegen lassen (Ausnahmen beachten, z.B. Nasenbluten),
- Wunden keimfrei abdecken, Wundumgebung ruhig stellen,
- Fremdkörper in der Wunde belassen,
- keine Medikamente zur Blutstillung verabreichen,
- regelmäßige Kontrolle der Vitalfunktionen,
- je nach Zustand: stabile Seitenlage, Schocklage, Herz-Lungen-Wiederbelebung,
- psychologisch betreuen.

#### Spezielle Maßnahmen

Lebensbedrohliche Blutungen im Bereich der Extremitäten verlangen andere Maßnahmen als beispielsweise Verletzungen im Bereich von Kopf, Hals oder Rumpf.

### Extremitäten

An den Extremitäten sind im Wesentlichen drei Maßnahmen zum Stillen von bedrohlichen Blutungen anzuwenden:

- *Hochhalten*:
  Alleine durch das Hochhalten kann die Blutung zum Stillstand gebracht werden. Dabei muss die Verletzung wegen der Erdanziehungskraft oberhalb des Herzens liegen. Der hydrostatische Druck wirkt der Pumpleistung des Herzens auf diese Weise entgegen.
- *Abdrücken (am Oberarm):*
  Durch Druck mit den Fingern in die Muskelmulde zwischen Armbeuger (Bizeps) und Armstrecker (Trizeps) an der Innenseite des Oberarms wird die Oberarmschlagader verengt. Der Erfolg ist schnell an dem Rückgang der Blutung zu erkennen. Der Druck sollte nicht zu lange und zu kräftig erfolgen, da sonst das Gewebe aufgrund mangelnder

Durchblutung absterben kann. Der Puls sollte an der gleichseitigen Handschlagader spürbar bleiben.

- *Abdrücken (am Oberschenkel):*
  Der Helfer kniet neben dem Verletzten und drückt mit beiden Daumen etwa in der Mitte der Leistenbeuge körperwärts gegen den Beckenrand. Da die Arterie schwerer zugänglich ist als im Oberarmbereich, muss mehr Kraft aufgewendet werden, was schmerzhaft sein kann. Wie auch am Oberarm sollte das Abdrücken am Oberschenkel nur eine Behelfsmaßnahme darstellen und so schnell wie möglich durch einen Druckverband ersetzt werden.
- *Druckverband*:
  Während ein anderer Helfer weiterhin abdrückt, kann man einen Druckverband anlegen (die notwendigen Verbandmaterialien befinden sich im Verbandkasten des Pkw). Der Druckverband ist deshalb empfehlenswert, weil bei gleichzeitiger Blutstillung im Wundbereich das umliegende Gewebe weiterhin durchblutet wird.

### Kopf, Hals, Rumpf

Wenn bei Kopf-, Hals-, oder Rumpfverletzungen kein Druckverband möglich ist, erfolgt die Blutstillung durch die so genannte digitale Kompression. Hierbei wird zunächst eine sterile Wundauflage auf die Verletzung gebracht und dann mit einem Druckpolster direkt auf die Wunde gepresst.

### Abgerissene Gliedmaßen

Da Amputate unter günstigen Umständen wieder angenäht werden können, sollte bei Amputationsverletzungen möglichst nicht abgebunden werden, denn dadurch kann das Gewebe beschädigt werden. Abgetrennte Körperteile werden nicht abgewaschen, sondern ungesäubert in ein steriles Tuch eingewickelt und möglichst trocken und kühl gelagert. Amputate übergibt man direkt dem Rettungsdienst, der mit Spezialbeuteln eine optimale Versorgung garantiert.

**Stillen von starken Blutungen**

**Blutungen an Armen und Beinen**
▶Hochhalten ▶Abdrücken ▶**Druckverband**

**Blutungen an Kopf, Hals und Rumpf**
▶Aufpressen (auf die Blutungsstelle) ▶**Druckverband** (wenn möglich)

**Abgetrennte Gliedmaßen / Teilabrisse**
▶Hochhalten und Aufpressen (auf die Blutungsstelle) ▶**Druckverband**

Abb. 8 ▶ Stillen von starken Blutungen

## Schock

**Lernziele:**
Nach dieser Einheit können die Teilnehmer
- den Schock erkennen und entsprechende Maßnahmen durchführen.

**Praktische Inhalte*:**
- Maßnahmen zur Schockvorbeugung und -bekämpfung (TÜ)

* TÜ (Teilnehmerübung): Die Maßnahme wird vom Trainer demonstriert, erläutert und von allen Teilnehmern bis zur sicheren Beherrschung geübt. Die Maßnahmen sollen grundsätzlich in ihrem Gesamtablauf sowie unter Berücksichtigung der psychischen Betreuung des Patienten geübt werden.

Ein Schock beruht auf einem Missverhältnis zwischen dem benötigten Blutvolumen und der tatsächlich im Kreislauf zirkulierenden Blutmenge. Es gibt eine Fülle unterschiedlicher Schockformen, wobei sich deren Kennzeichen deutlich voneinander unterscheiden können.

Im Einzelnen unterscheidet man:
- Volumenmangelschock (hervorgerufen durch starken Flüssigkeitsverlust, z.B. durch Blutungen),
- kardiogener Schock (hervorgerufen durch Störungen der Herztätigkeit, z.B. nach Herzinfarkten),

- neurogener Schock (hervorgerufen durch Störungen der Gefäßregulation, z.B. durch Traumata),
- vasovagaler Schock (hervorgerufen durch nervliche Fehlsteuerung, z.B. Schmerz, Angst oder Schreck),
- anaphylaktischer Schock (hervorgerufen durch Überempfindlichkeitsreaktionen, z.B. Allergien),
- septischer oder toxischer Schock (hervorgerufen durch Bakterien oder Gifte im Gefäßsystem).

Im Rahmen der lebensrettenden Sofortmaßnahmen wird dem Volumenmangelschock die größte Bedeutung beigemessen, da dieser bereits bei einem Blutverlust von etwa einem Liter eintreten kann. Die Gründe für eine solche Verminderung des Blutvolumens können offene Wunden oder starke innere Blutungen (z.B. durch Knochenbrüche) sein. Den großen Blutverlust versucht der Körper durch geeignete Gegenmaßnahmen auszugleichen.

#### Symptome

- Der Puls wird schneller und aufgrund des gleichzeitig sinkenden Drucks in den Gefäßen immer flacher.
- Die äußeren, peripheren Gefäße des Körpers werden soweit verengt, dass nur noch lebenswichtige Organe ausreichend durchblutet werden (Zentralisation). Dadurch ergeben sich weitere sichtbare Zeichen für den Ersthelfer:
  - Aufgrund der mangelnden Durchblutung ist die Haut des Verletzten kalt und blass.
  - Der Betroffene zittert und friert.
  - Durch Störungen im vegetativen Nervensystem kommt es zu kalten Schweißausbrüchen.
  - Der Verletzte neigt zu einem eher ungewöhnlichen Verhalten wie Unruhe, Angst oder Starre. Er wird zunehmend teilnahmsloser bis hin zur Bewusstlosigkeit.

#### Allgemeine Maßnahmen

- Sofort Notruf absetzen!
- *Blutstillung:*
  Durch die Blutstillung wird die Ursache des Volumenmangelschocks bekämpft und eine Verschlechterung des Gesundheitszustandes durch weiteren Blutverlust verhindert.
- *Schocklage:*
  Zur Schocklagerung werden die Beine 30 – 40 cm über Kopfniveau angehoben. So fließt Blut aus den Beinen in den Körperstamm und unterstützt die Zentralisationsmaßnahme des Körpers (nicht bei Becken- oder Beinbrüchen, Schädelverletzungen, Verletzungen des Bauch- oder Brustraums).
- *Eigenwärme erhalten:*
  Durch Zudecken wird ein Auskühlen des Patienten verhindert. Der Verletzte darf jedoch nicht aktiv erwärmt werden, da sich sonst die Blutgefäße weiten und der Zentralisation entgegenwirken.
- *Psychische Betreuung:*
  Der ängstliche und unruhige Schockpatient soll vor Unruhe abgeschirmt werden. Außerdem sollten die Unfallfolgen herabgespielt und der Verletzte beruhigt werden. Auf keinen Fall darf er alleine bleiben.
- *Vitalzeichenkontrolle.*

#### Weitere Maßnahmen

- Rauchen (Folge: Gefäßverengung), Alkohol (Folge: Gefäßerweiterung) und Nahrungsaufnahme (Folge: Komplikationen bei anschließender Narkose, Erbrechen) verbieten,
- der Schockpatient sollte bis zum Eintreffen des Arztes liegen bleiben,
- ein Behelfstransport des Schockpatienten darf aufgrund der Gefahr eines Transporttraumas auf keinen Fall durchgeführt werden.

## Verbrennungen, thermische Schäden

**Lernziele:**
Nach dieser Einheit können die Teilnehmer
- sich im Brandfall sachgerecht verhalten, insbesondere bei Personen- und Entstehungsbränden,
- Maßnahmen bei Brandwunden durchführen,
- Sonnenstiche erkennen und entsprechende Maßnahmen durchführen,
- Unterkühlungen erkennen und entsprechende Maßnahmen durchführen,
- Erfrierungen erkennen und entsprechende Maßnahmen durchführen.

**Praktische Inhalte*:**

* AD (Ausbilderdemonstration): Die Maßnahme wird vom Trainer demonstriert, erläutert und ggf. von einzelnen Teilnehmern geübt.

- Anlegen eines Verbandtuches (AD).

### Verbrennungen

Verbrennungen und Verbrühungen entstehen durch die Einwirkungen hoher Temperaturen auf den Körper und zählen zu den schmerzhaftesten Verletzungen. Die Schwere der Verletzung richtet sich nach dem Grad der Verbrennung und der Größe der betroffenen Körperfläche. Bei Verbrennungen 1. und 2. Grades treten Hautrötungen und Blasenbildungen auf. Verbrennungen 3. Grades verursachen grauweiße oder schwarze Verfärbungen der Hautoberfläche.

MASSNAHMEN

- Sofort Notruf absetzen!
- Brennende Personen müssen unverzüglich gelöscht werden. Die Flammen werden hierzu mit einer Decke erstickt, man übergießt den Verletzten mit kaltem Wasser oder wälzt ihn auf dem Boden. Sollte man mit einem Feuerlöscher löschen, ist darauf zu achten, dass dieser nicht auf das Gesicht des Betroffenen gerichtet wird.
- Bei Verbrühungen entfernt man vorsichtig die Kleidung des Verletzten. Festgebrannte Kleidung bleibt auf der Haut und wird nicht entfernt!
- Die betroffene Stelle hält man sofort unter fließendes kaltes Wasser (mindestens 10 – 15 Minuten). Gesichtsverbrennungen kühlt man durch Auflegen feuchter Tücher.
- Bedeckt wird die Verbrennung im Anschluss an die Kaltwasseranwendung mit einem sterilen Verbandtuch aus dem Verbandkasten.
- Die Eigenwärme des Betroffenen erhält man, indem man ihn mit einer Rettungsdecke aus dem Verbandkasten zudeckt. Bei Schockanzeichen lagert man die Beine etwas erhöht.
- Hausmittel, wie etwa das Auftragen von Mehl, Öl, Creme oder Fett auf die Brandwunde, sind außerordentlich gefährlich und daher verboten!

### Sonnenstich

Der Sonnenstich gehört neben der Hitzeerschöpfung und dem Hitzschlag zu den thermischen Schädigungen und tritt als Folge langer und intensiver Sonneneinstrahlungen auf den Kopf auf. Besonders betroffen sind hellhäutige, wenig behaarte Menschen und Kinder.

SYMPTOME

- Schwindel, Kopfschmerzen, Übelkeit und Erbrechen nach langer und intensiver Sonneneinstrahlung auf den Kopf,
- hochroter und heißer Kopf,
- evtl. Bewusstseinsstörungen bis hin zur Bewusstlosigkeit.

MASSNAHMEN

- Der Betroffene wird an einen kühlen und schattigen Ort gebracht.
- Er wird flach auf dem Boden mit erhöhtem Oberkörper gelagert.
- Kopf, Hals und Nacken kann man mit feuchten Tüchern kühlen.
- Bei Bewusstlosigkeit wird die betroffene Person in die stabile Seitenlage gebracht und sofort der Notruf abgesetzt.

### Unterkühlung und Erfrierung

Wenn die Wärmeabgabe des Körpers über einen größeren Zeitraum höher ist als die Wärmeproduktion kommt es zu Unterkühlungen. Dies ist vor allem nach Unfällen im Gebirge oder in kalten Gewässern der Fall. Zunächst versucht der Organismus sich gegen die Unterkühlung zu wehren, indem er z.B. durch Zittern versucht, Wärme zu erzeugen. Darüber hinaus wird die Durchblutung der Körperoberfläche (Haut, Arme, Beine) vermindert. Der Betroffene ist in der Regel noch bei Bewusstsein und aufgeregt. Später wird er zunehmend ruhiger. Bewusstseineintrübungen und Bewusstlosigkeit können folgen.
Erfrierungen sind örtliche Schädigungen des Gewebes aufgrund lang anhaltender Kälteeinwirkungen. Erste Erkennungszeichen sind Gefühllosigkeit in den Extremitäten (hauptsächlich in den Fingern oder Zehen), an der Nase oder den Ohren.

SYMPTOME

- bläulich rote Färbung der betroffenen Stellen, später weißgelb oder grau,
- betroffene Stellen sind kalt, schmerzhaft und hart,

- Folgeschäden mit Blasenbildung und absterbendem Gewebe treten erst sehr spät auf.

**Massnahmen**

- Der Verletzte wird an einen warmen Ort gebracht und vorsichtig gewärmt. Hierzu entfernt man zunächst die kalte oder feuchte Kleidung und wickelt den Körper in eine warme Decke ein.
- Das Auflegen der Hände auf die unterkühlten Körperregionen kann hilfreich sein.
- Die betroffenen Regionen sollten nicht bewegt werden.
- Eine aktive Wärmezufuhr, wie etwa durch Wärmflaschen o.Ä., ist zu vermeiden.
- Gut gezuckerte und warme Getränke, wie z.B. Tee, unterstützen die Wärmeentwickelung. Alkohol in jeglicher Form ist strengstens verboten!
- Auf die allgemeinen Lebenszeichen ist zu achten.

## Vergiftungen / Verätzungen

**Lernziele:**

Nach dieser Einheit können die Teilnehmer

- Vergiftungen erkennen und entsprechende Maßnahmen durchführen,
- Verätzungen erkennen und entsprechende Maßnahmen durchführen.

Gifte können über unterschiedliche Aufnahmewege in den Körper gelangen:

- über die Atemwege (z.B. Gase, Dämpfe von Lacken, Lösungsmitteln etc.),
- über die Verdauungswege (z.B. Alkohol, Medikamente, verdorbene Lebensmittel, giftige Pflanzen etc.),
- über die Haut (z.B. Kontaktgifte),
- über den Blutkreislauf (z.B. Injektionen, Tierbisse etc.).

Unabhängig vom Aufnahmeweg führen Vergiftungen immer zu einer Schädigung des Gesamtorganismus. Häufig werden Kinder Opfer von Verätzungs- und Vergiftungsunfällen im Haushalt. Einen grundlegenden Schutz vor derlei Gefahren gibt es jedoch weder für Kinder noch für Erwachsene. Allerdings gibt es potenzielle Gefahrenquellen, deren Beachtung die Unfallgefahr verringern kann: Medikamente oder Putz-, Wasch- und Spülmittel aber auch Lampenöl dürfen niemals in Reichweite von Kindern aufbewahrt werden, da gerade die häufig bunten Verpackungen Kinder animieren, diese in den Mund zu nehmen!

**Symptome von Vergiftungen**

- Übelkeit, Erbrechen, Durchfall,
- Bauchschmerzen oder Krämpfe,
- Bewusstseinsstörungen bis hin zur Bewusstlosigkeit,
- Atem- und Herz-Kreislauf-Stillstand.

**Massnahmen bei Vergiftungen**

- Sofort Notruf absetzen!
- unbedingt Eigenschutz beachten (bei Gasen, Dämpfen, Säuren etc.),
- bei giftigen Dämpfen und Gasen: Retten aus Gefahrenbereich (Eigenschutz beachten, evtl. durch zweiten Helfer mit einem Seil absichern, Elektroschaltungen vermeiden),
- Sicherstellen möglicher Giftreste und Behälter,
- Hinweise von Augenzeugen können Aufschluss über die mögliche Vergiftung geben und müssen auf jeden Fall berücksichtigt werden,
- das Trinken von Milch ist für einen Vergifteten nach heutigem Wissensstand eher schädlich, da die Giftaufnahme über die Darmschleimhaut durch Milch begünstigt wird,
- das Auslösen von Erbrechen oder die Gabe von Kohletabletten ist nicht angebracht und kann ebenfalls schädlich sein.

Verätzungen betreffen hauptsächlich die Haut, die Augen oder die Verdauungswege bis in den Magen-Darm-Trakt und sind in ihrer Schwere abhängig von der Konzentration, der Art und Menge der Chemikalien sowie ihrer Einwirkzeit.

**Massnahmen bei Verätzungen der Haut**

- Sofort Notruf absetzen!
- verätzte Kleidungsstücke werden komplett entfernt (Beachtung des Eigenschutzes),
- die betroffene Stellen müssen gründlich mit fließendem Wasser abgespült werden, nach Möglichkeit sollten beim Ausspülen nicht betroffene Hautregionen verschont bleiben,
- keimfreies Verbinden der Wunde.

**Massnahmen bei Augenverätzungen**

- Das Auge wird gründlich mit fließendem Wasser ausgespült und anschließend mit einem keimfreien Tuch bedeckt.

**Massnahmen bei Verätzungen des Magen-Darm-Trakts**

- Um die verätzten Speisewege zu spülen und die Chemikalien zu verdünnen, sollte der Betroffene sofort Wasser oder Tee in kleinen Mengen trinken.
- Der Verletzte sollte nicht zum Erbrechen gebracht werden, da sich ansonsten die Verätzung im Bereich der Speiseröhre wiederholen würde.

**Gefahrenquellen**

### Gefahrenquellen im Haushalt

- Medikamente (Vergiftungsgefahr)
- Putz-, Wasch- und Spülmittel (Vergiftungs- und Verätzungsgefahr)
  *TIPP: Putzmittel nicht unter der Spüle aufbewahren, wenn die Türen in Reichweite von Kindern sind. Außerdem bieten die bunten Flaschen einen hohen Anreiz für Kinder. Medikamente grundsätzlich unter Verschluss halten!*
- Plastiktüten (Erstickungsgefahr)
  *TIPP: Plastiktüten nicht herumliegen lassen, da Kinder sich diese über den Kopf ziehen können; Spielzeug nicht in Plastiktüten aufbewahren!*
- Steckdosen (Stromschlaggefahr)
  *TIPP: Steckdosen mit Kindersicherungen versehen!*
- Kerzen (Brandgefahr)
  *TIPP: Kerzen nicht unbeaufsichtigt brennen lassen!*
- Treppen (Sturzgefahr)
  *TIPP: Bei Kleinkindern Treppen mit Schutzgittern versehen!*

### Gefahrenquellen in der Küche

- Herdplatten, kochende Speisen (Verbrennungs- und Verbrühungsgefahr)
  *TIPP: Bei Kleinkindern Sicherheitsgitter um Kochmulde legen und möglichst auf den hinteren Platten kochen!*
- Messer und spitze Gegenstände (Verletzungsgefahr)
  *TIPP: Messer nicht offen liegen lassen und evtl. Schubladen mit Sicherheitsschlössern versehen!*

### Gefahrenquellen im Garten

- Gartengeräte (Verletzungsgefahr)
  *TIPP: Gartengeräte in einem abgeschlossenen Raum aufbewahren!*
- Chemikalien, Dünger, Gifte u.Ä. (Vergiftungs- und Verätzungsgefahr)
  *TIPP: Chemikalien grundsätzlich unter Verschluss halten!*
- Brunnen, Regentonnen, Teiche u.Ä. (Ertrinkungsgefahr)
  *TIPP: Gewässer nach Möglichkeit für Kinder unzugänglich machen und über die Gefahr aufklären!*
- Pflanzen und Sträucher (Vergiftungsgefahr)
  *TIPP: Giftige Pflanzen nach Möglichkeit nicht anpflanzen!*

**Abb. 9** ▶ Gefahrenquellen in Haushalt, Küche und Garten

# B ▸ Praxisteil

# Methoden zur Gestaltung von Erste-Hilfe-Seminaren

Wie bereits im Vorwort geschrieben, besteht ein Ziel dieses Buches darin, angehenden Trainern für Erste-Hilfe-Kurse einen Einblick in methodische Gestaltungsmöglichkeiten zu geben. Die nachfolgenden Methoden wurden mehrfach auf ihre Praxistauglichkeit erprobt und werden in Seminaren erfolgreich eingesetzt.

Darüber hinaus wird aber auch der erfahrene Erste-Hilfe-Trainer durch das Buch angeregt, seine bereits bestehenden didaktischen Konzepte und seine Methodeneinsätze zu hinterfragen – und zu verbessern. Vor allem ihm wünschen wir den Mut, durch die Selbsterfahrung mit vielfältigen methodischen Dimensionen neue Kompetenzen für sich zu entdecken.

Auf den folgenden Seiten finden Sie zunächst Methodenbeschreibungen, Arbeitshilfen und Kopiervorlagen, strukturiert nach allgemeinen Kursphasen. Unser methodischer Reigen beginnt mit dem Kurseinstieg, mit dem so genannten »Warm-up«, dem Abschnitt also, in dem das eigentliche Lernen vorbereitet wird. Es folgen zum einen Methoden, die es Teilnehmern ermöglichen, Themeninhalte zu erarbeiten, und zum anderen solche, die geeignet sind, bereits Gelerntes zu wiederholen und zu festigen. Am Ende des Abschnitts werden Methoden vorgestellt, die zur Evaluation und Reflexion von Seminaren behilflich sind.

Mit Methoden zur Gestaltung von Pausen und Übergängen, kleinen Rätseln und Spielformen für aktive Pausen sowie diversen Übungen zur Auflockerung und zum gesundheitsfördernden Lernen endet der Praxisteil.

Die Darstellung der einzelnen Methoden ist immer gleich:

## *Methode*

Teilnehmeranzahl

Dauer

benötigte Materialien und Hilfsmittel

Beschreibung der Methode

Varianten, Anregungen zur Moderation, Beispiele und Tipps

Außerdem gibt es Spalten für eigene Notizen, Ergänzungen und Kommentare. Im Anschluss an die Methodenbeschreibung finden Sie, sofern erforderlich, ausgearbeitete Unterrichtshilfen als Kopiervorlagen.

Nun wollen wir Sie aber nicht weiter auf die Folter spannen und wünschen Ihnen viel Freude beim Ausprobieren.

## Die Kursphasen

Die gedankliche Einteilung von Seminaren in verschiedene Kursphasen dient dem Trainer dazu, sein didaktisches Vorgehen zu steuern. Dem Teilnehmer muss diese Einteilung nicht bewusst vor Augen geführt werden. Seinen physiologischen und sozialen Lernvoraussetzungen und -bedingungen schulden wir es jedoch, das Lernen einzuteilen, es vor- und nachzubereiten und dazwischen auch mal anzuhalten, damit sich Gedanken und Gedachtes setzen können. Man unterteilt ein Seminar in eine Einstiegsphase, eine Erarbeitungsphase und einen Seminarabschluss. Unterbrochen werden diese Phasen je nach Dauer des Seminars von mehreren Pausen unterschiedlicher Länge.

Der Kurseinstieg hat mindestens zwei Funktionen: Er soll zum einen den Lernprozess in Schwung bringen und ihn vorbereiten. Kurseinstiege schaffen die Basis zum Lernen, indem sie Spannungen abbauen, Unsicherheiten nehmen und Konzentration fördern. Zum anderen vollzieht sich Lernen im Erste-Hilfe-Kurs in der Regel in Gruppen mit einer jeweils eigenen Dynamik. Der Kurseinstieg soll dazu beitragen, eine solche positive Anfangsdynamik zu entwickeln. Hilfreich dafür sind ein gegenseitiges Kennenlernen der Teilnehmer und das Schaffen einer Atmosphäre, in der der Einzelne sich in einer Gruppe mit fremden Menschen wohl fühlt.

Die eigentlichen Inhalte des Erste-Hilfe-Kurses, wie z.B. das Anlegen eines Druckverbands oder die Technik der Herz-Lungen-Wiederbelebung, sowie das dazu gehörende Hintergrundwissen bedürfen der Fachkompetenz des Erste-Hilfe-Trainers. Von seiner methodischen Vorgehensweise hängt es ab, inwieweit er Wissen und Fertigkeiten weitergeben kann. Die Methoden zur inhaltlichen Erarbeitung sowie zur Wiederholung und Festigung von bereits Gelerntem zielen darauf ab, durch geeignete Lernhilfen den Teilnehmer in die Lage zu versetzen, sich Inhalte weitestgehend selbst zu erschließen, ohne dass er dabei alleine gelassen wird.

Methoden zur Evaluation sowie zur Reflexion von Erste-Hilfe-Kursen machen das Seminar »rund«. Sie bieten den Teilnehmern und dem Trainer die Möglichkeit, rückblickend auf die vergangenen Stunden oder Tage Bezug zu nehmen. Der Teilnehmer erhält die Möglichkeit, als Mitgestalter und Mitverantwortlicher für den Kurs seine Eindrücke zu hinterlassen. Der Trainer erhält Informationen über seinen Kurs oder über sich, die er zur persönlichen Reflexion nutzen kann.

# Methoden zum Seminareinstieg

## *Selbstporträt*

Gesamtgruppe bis max. 15 Teilnehmer

10 Minuten

Porträtvordruck mit Impulsen

Beim Selbstporträt stellen sich die Teilnehmer mithilfe eines Schemas (s. nebenstehende Kopiervorlage) selbst vor. Die vorbereiteten Impulse auf dem Fragebogen helfen den Teilnehmern, in wenigen Minuten einige Informationen zur eigenen Person zu notieren. Dabei ist es wichtig, dass die Fragen nicht nur auf den beruflichen Bereich abzielen. Der Vordruck kann als Flipchart-Seite oder Overhead-Folie vorbereitet sein oder jedem einzelnen als DIN-A4-Steckbrief ausgeteilt werden.

Variante: Jeder Teilnehmer bekommt einen Fragebogen und füllt diesen aus. Der Trainer sammelt die ausgefüllten Porträts wieder ein, mischt sie und lässt jeden Teilnehmer nach dem Zufallsprinzip einen Fragebogen ziehen. Die Aufgabe für die Teilnehmer besteht nun darin, denjenigen heraus zu suchen, dessen Porträt er gezogen hat.

Platz für eigene Notizen:

S+K
Stumpf+Kossendey
Verlag

# *Steckbrief*

Name: ______________________________

Beruf: ______________________________

Hobby: ______________________________

entweder
3 wichtige Lebensstationen *oder*
3 Menschen, dir mir wichtig sind, *oder*
3 Vorbilder:

______________________________

______________________________

______________________________

Erwartungen an heute:

______________________________

______________________________

______________________________

## *Namens-Scrabble*

Gesamtgruppe bis max. 15 Teilnehmer

5 – 10 Minuten

kariertes Flipchart-Papier oder Kästchenvorlage, Stifte

Die Teilnehmergruppe bildet aus ihren Vornamen ein Scrabble. Bei kleinen Gruppen können alternativ dazu die Vor- und Zunamen aufgeschrieben werden. Dazu kommt jeder Teilnehmer der Reihe nach einzeln zum Flipchart und notiert die Buchstaben seines Namens senkrecht oder waagerecht in die Spielvorlage.

Jeder Buchstabe steht in einem eigenen Kästchen, und es werden möglichst viele der bereits vorhandenen Buchstaben benutzt. Den Startschuss macht der Trainer, indem er beginnt, seinen Namen senkrecht oder waagerecht in die Kästchen einzutragen, und den Stift daraufhin einem Teilnehmer reicht.

Variante: Eine Zusatzaufgabe beim Namens-Scrabble kann darin bestehen, noch etwas zu seiner eigenen Person zu erzählen. *Beispiel: Ich heiße Peter, bin 17 Jahre alt, wohne in Mannheim und mache meine Führerscheinprüfung in zwei Monaten.*

**Namens-Scrabble**

| | | | | | | | | | | | | |
|---|---|---|---|---|---|---|---|---|---|---|---|---|
| D | R | A | G | O | | | | | | | | |
| I | | | | | | | | | | | | |
| E | L | F | R | I | E | D | E | | | | | |
| T | | | | | | | S | T | E | V | E | N |
| E | | | | | | | T | | | | | O |
| R | U | T | H | | | | H | | | | | A |
| | | | | | | | E | | | | | |
| | | | M | U | M | I | R | | | | | |

**Abb. 10** ▶ Beispiel für ein »Namens-Scabble«

Platz für eigene Notizen:

## *Teilnehmer-Netzwerk*

Gesamtgruppe bis max. 15 Teilnehmer

20 – 25 Minuten

Flipchart, farbige Stifte, evtl. Musik

Auf einem Flipchart werden alle Namen gleichmäßig verteilt notiert. Jeder Teilnehmer findet in einem kurzen Gespräch eine Gemeinsamkeit mit jedem anderen Teilnehmer heraus. Diese Gemeinsamkeiten werden durch eine Verbindungslinie zwischen den Namen und einer kleinen Zeichnung symbolisiert.

*Beispiel: Peter und Marco unterhalten sich kurz und finden heraus, dass sie beide gerne Fußball spielen. Die Linie zwischen Peter und Marco könnte dann mit einem kleinen Fußball versehen werden.*

Je größer das Plakat ist, desto schöner und bunter wird das entstehende Netzwerk.

Variante: Bei größeren Gruppen sollte der Trainer Kleingruppen à 5 – 6 Teilnehmer bilden. Jede Kleingruppe erstellt zunächst ihr eigenes Netzwerk mit Namen und den verbindenden Symbolen und stellt dieses anschließend gemeinsam dem Plenum vor.

Platz für eigene Notizen:

## *Lebendige Statistik*

Platz für eigene Notizen:

Gesamtgruppe bis max. 30 Teilnehmer

7 – 10 Minuten

kein Zusatzmaterial erforderlich, evtl. Musik im Hintergrund

Die Teilnehmer gruppieren sich nach den Ansagen des Trainers. Sie stehen von ihren Stühlen auf und verteilen sich nach den genannten Kriterien entweder im Raum, finden sich zusammen oder bilden kleine Untergruppen.

*Beispiele:*

- ▶ *Alle Teilnehmer, die bereits in einer Fahrschule angemeldet sind, treffen sich in der Ecke A, alle anderen in der Ecke B.*
- ▶ *Es stellen sich alle zusammen, die in derselben Fahrschule sind.*
- ▶ *Alle Teilnehmer, die bereits einen Kurs besucht haben, gehen in Ecke A, die anderen in Ecke B.*
- ▶ *Alle Teilnehmer bilden eine alphabetische Vornamen-Reihe (oder einen Kreis).*
- ▶ *Alle Teilnehmer bilden eine Alters-Reihe, beginnend mit dem jüngsten.*

Variante: Die lebendige Statistik kann man auch sehr gut zum Einstieg in ein neues Thema nutzen. Beispielsweise können Erfahrungen und Kenntnisse der Teilnehmer im Umgang mit der Absicherung von Unfallstellen oder dem Vorgehen an Unfallorten spielerisch sichtbar werden.
*Beispiel: Alle Teilnehmer, die bereits einen Unfall miterlebt haben, stellen sich in die Ecke A, Teilnehmer, die schon einmal Zeuge waren, in Ecke B, alle anderen in Ecke C.*

## *Kontaktanzeige*

Gesamtgruppe bis max. 15 Teilnehmer

15 – 20 Minuten

Moderationskarten, Stifte, Klebstreifen, evtl. Pinnwand oder Flipchart

Jeder Teilnehmer formuliert auf seiner Moderationskarte eine Kontaktanzeige. Dazu stellt er sich vor, er sei in eine neue Stadt gezogen und möchte über diese Anzeige neue Freunde kennen lernen. Wie die Anzeige gestaltet ist (z.B. in Reimform, in Stichworten, mit Bildern usw.), bleibt jedem Einzelnen überlassen. Wichtig ist jedoch, dass kein Name auf der Karte steht.
Die Karten werden anschließend vom Trainer eingesammelt, vorgelesen und ausgehängt. Nun sucht sich jeder Teilnehmer eine Anzeige heraus (außer die eigene natürlich), die er interessant findet und auf die er sich gerne melden würde. Nacheinander liest jeder Teilnehmer die ausgesuchte Anzeige vor, sagt kurz, warum er diese Karte gewählt hat und versucht zu erraten, von wem die Anzeige stammen könnte. Klappt dies nicht, kann das Plenum helfen.

Platz für eigene Notizen:

# Methoden zur Erarbeitung von Themeninhalten

## *Brainstorming / Brainwalking*

Gesamtgruppe bis max. 20 Teilnehmer

10 Minuten Stoffsammlung, 10 Minuten Wertungsphase

Brainstorming:
Moderationskarten, Stifte, Pinnwand oder Flipchart
Brainwalking:
Flipchart-Bögen (ein Blatt pro 3 Teilnehmer), Stifte, Schere

Unter Brainstorming versteht man das kommentarlose Sammeln von Eindrücken, Ideen und Einfällen zu einem beliebigen Problem oder Thema. Das Ziel besteht darin, die Teilnehmer ungestört und ohne Bewertung Ideen finden zu lassen, die auch auf den Einfällen der Anderen aufbauen bzw. diese weiterentwickeln. Vor der Ideenfindungsphase erläutert der Trainer das zu bearbeitende Thema, die Aufgabe und die Regeln. Im Anschluss ermutigt er die Teilnehmer, Vorschläge einzubringen. Diese werden vom Trainer gesammelt, indem sie einzeln auf Moderationskarten oder auf dem Flipchart notiert werden. Alle Vorschläge sollen für die Teilnehmer sichtbar an einer Pinnwand oder auf dem Flipchart als Assoziationshilfen für weitere Ideen festgehalten werden.

Regeln:

- die Zeitvorgabe für die Ideenfindungsphase beträgt 10 Minuten,
- Bewertungen oder Kritik an den Ideen oder Einfällen anderer Teilnehmer werden nicht vorgenommen,
- Vorschläge oder Ideen sollen kurz und knapp benannt werden.

Variante Brainwalking: Mehrere Flipchart-Blätter werden an den Wänden des Raumes befestigt. Als Überschrift steht auf jedem Blatt das gleiche Thema. Die Teilnehmer verteilen sich an die Blätter und schreiben ihre spontanen Einfälle auf. Dann gehen sie im Raum umher, schauen sich die anderen Ideen an und schreiben ihre Assoziationen dazu. Während der Ideensammlung wird nicht gesprochen. Anschließend werden die Blätter in Streifen geschnitten, so dass jeder Einzelgedanke auf einem eigenen Streifen steht. Die Streifen können nun von den Teilnehmern gewertet, gruppiert, eingestuft oder in ähnlicher Form weiterverarbeitet werden.

Platz für eigene Notizen:

## *Mindmapping*

Gesamtgruppe bis max. 15 Teilnehmer

10 Minuten

Flipchart, Stifte

Die Teilnehmer nennen spontan ihre Gedanken, Ideen, Erinnerungen zu einem komplexen Thema. Die Thematik wird in die Mitte geschrieben oder gemalt. Die Äußerungen (max. 2 – 3 Schlagwörter pro Gedanke) werden notiert und mit den anderen Begriffen bzw. der zentralen Thematik in Verbindung gebracht.

Somit entsteht eine Art Landkarte der Gedanken. Bedeutsame Inhalte werden von weniger wichtigen optisch unterschieden oder durch Verzweigungen verdeutlicht.

Die Methode ist sowohl in Einzelarbeit durchführbar (mit anschließendem Vergleich der Einzelergebnisse) als auch in Gruppenarbeit.

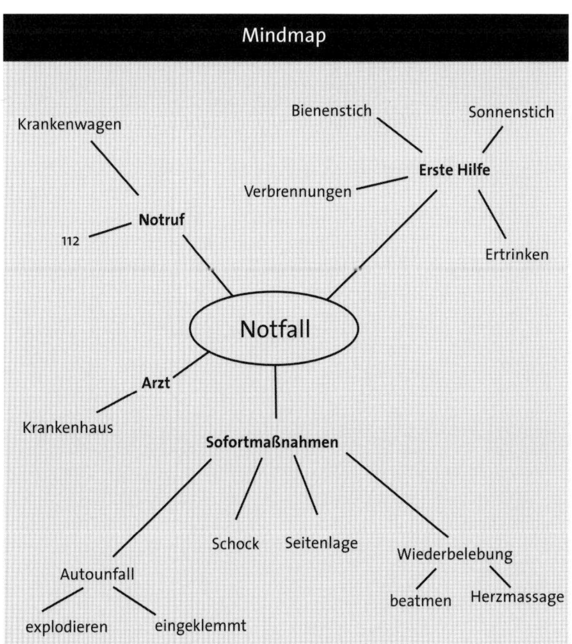


**Abb. 11 ▶ Beispiel für eine »Mindmap«**

Platz für eigene Notizen:

## *Schneeball*

ausgehend von Einzelarbeit oder Kleingruppenarbeit bis zur Gesamtgruppe

20 – 30 Minuten

Arbeitsblätter, Farbkarton, Stifte, Textauszug mit Fragen

Jeder Teilnehmer bzw. jede Kleingruppe bekommt einen Textauszug mit drei Aufgaben zu den Themen »Helfen« und »Hilfsbereitschaft« (s. nebenstehende Kopiervorlage) sowie einen Stift und ein leeres Arbeitsblatt. Zunächst wird der Text durchgelesen und die Fragen beantwortet. Fragen 1 und 2 versetzen den Teilnehmer einerseits in die Rolle eines Verkehrsunfallopfers, andererseits in die Situation eines möglichen Ersthelfers. Zur Beantwortung von Frage 3 soll eine generelle Reihenfolge von Maßnahmen entwickelt werden, die der Ersthelfer im Beispiel durchführen würde. Nach Beendigung der Arbeitsphase soll sich im nächsten Schritt jeder Teilnehmer bzw. jede Kleingruppe mit seinem Nachbarn oder mit einer Nachbargruppe über die Fragen austauschen und eine Einigung über die Reihenfolge der Maßnahmen festlegen. Dieser Arbeitsschritt wird so lange fortgesetzt, bis ein Ergebnis der Gesamtgruppe vorliegt, das auf einem Karton notiert und präsentiert wird.

Der Trainer hat nun im Plenum die Möglichkeit, die Themen »Rechtliche Grundlagen« und »Motivation zum Helfen« aufzugreifen und fehlendes Wissen zu ergänzen. Die von den Teilnehmern erarbeiteten Maßnahmen sollten im Raum aufgehängt bleiben, so dass immer wieder auf sie Bezug genommen werden kann.

Moderationsvorschlag: Der Trainer sollte jede einzelne Arbeitsphase mit einer genauen Zeitvorgabe einleiten und beenden.

Platz für eigene Notizen:

## Würden Sie helfen?

28. März, kurz nach 17 Uhr. Es ist ein schrecklicher Anblick auf einer Bundesstraße im Kreis Koblenz: Ein Verletzter liegt regungslos neben dem Wrack seines Wagens. Allerdings ist der Unfall nicht echt, sondern ein Versuch, um die Hilfsbereitschaft der Autofahrer zu testen ...

Es sieht böse aus: Das völlig zerstörte Auto schleuderte offensichtlich von der Fahrbahn, knallte gegen die Böschung am Waldrand, kippte um und blieb seitlich auf der Beifahrerseite liegen. Aus dem Motorraum steigt Rauch auf. Mit letzter Kraft klettert der Fahrer aus dem demolierten Kleinwagen und bricht vor dem Wrack zusammen.

Weit und breit ist kein Mensch zu sehen.

Dann rollt ein Mercedes heran. Der Fahrer reckt den Hals, schaut genau hin und – tritt auf's Gas. Acht Minuten später erreicht ein Golf die Unfallstelle. Auch diesmal schaut die Fahrerin genau hin und fährt weiter. Immer noch liegt der – vermeintlich – Verletzte hilflos einen Meter neben der Fahrbahn im Matsch und wartet bei eisigen Temperaturen auf Rettung ...

**Aufgabe 1:**

Wie würden Sie sich in dieser Situation als Opfer fühlen?
Sammeln Sie stichpunktartig drei Begriffe, die Ihre Gefühle beschreiben.

Die Rettung naht erst eine Viertelstunde später: Der Fahrer eines Wagens sieht den Unfall, hält sofort an und will Erste Hilfe leisten. Glück hat, wer von solch einem Menschen entdeckt wird! Zu seiner Handlungsweise befragt, antwortet der Retter, dass für ihn Hilfe »ein eingespeichertes Programm« sei, das quasi automatisch ablaufe, und dass er schließlich »auch mal so daliegen und Hilfe brauchen könnte.«

Der Fahrer hat eine vorbildliche Handlungsweise bewiesen, mit der er im Erstfall Leben gerettet hätte.

Aber: Jeder Zweite fährt bei einem Verkehrsunfall vorbei und lässt das Opfer liegen, weil er nicht helfen will oder kann. Mehr als die Hälfte der Autofahrer traut sich im Ernstfall trotz bescheinigten Kurses nicht zu, rettend Hand anzulegen. Nach einer Studie aus dem Jahr 2002 haben sogar 20% aller Deutschen nie eine Ersthelfer-Ausbildung gemacht.

**Aufgabe 2:**

Stellen sie sich vor, Sie kämen an der Unfallstelle vorbei:
a) Ich würde anhalten.
b) Ich würde lieber weiterfahren.

Die niederschmetternde Bilanz: Rund 10% der Opfer könnten einen Unfall überleben, wenn rechtzeitig Erste Hilfe geleistet würde. Doch viele Ersthelfer plagt nicht nur die Angst vor Blut und zermalmten Körperteilen. Sie fürchten, durch falsche Handgriffe noch Schlimmeres anzurichten. Dies ist jedoch vollkommen unbegründet. Im ersten Augenblick reichen neben der medizinischen Hilfe vielfach schon Trost und Zuspruch aus, mit dem baldige Hilfe angekündigt wird. In einer Studie der Bundesanstalt für Straßenwesen sagten mehr als die Hälfte von nachträglich befragten Unfallopfern aus, dass sie allein beruhigende Worte und die Anwesenheit eines Helfers als hilfreich empfunden hätten.

**Aufgabe 3:**

Überlegen Sie sich anhand des Beispiels konkrete Massnahmen, wie Sie als Ersthelfer vorgehen würden.
Notieren oder malen sie einen Massnahmenplan und stellen Sie ihn anschliessend den anderen vor!

## *Experten*

3 Kleingruppen mit 3 – 6 Teilnehmern

20 Minuten Erarbeitungsphase, 20 Minuten Präsentation pro Kleingruppe

Aufgabenimpulse, Arbeitsblätter, Präsentationsmöglichkeiten, Stifte

Die Gesamtgruppe wird in drei Kleingruppen aufgeteilt, die jeweils zwei Arbeitsblätter mit Informationen zu den Themenbereichen Atemstörungen, Herz-Kreislauf-Störungen und Bewusstseinsstörungen bearbeiten (s. nachfolgende Kopiervorlagen). Zusätzlich erhält jede Gruppe einen schriftlichen Arbeitsauftrag. Durch die Bearbeitung der speziellen Themen entwickelt sich jede Gruppe zum Experten auf ihrem Gebiet. Die Arbeitsergebnisse werden von den Expertengruppen schriftlich festgehalten und der Gesamtgruppe präsentiert.

Der Trainer bleibt im Hintergrund, um ggf. ergänzend einzugreifen. Im Plenum können anschließend weiterführende Fragen, Impulse und Arbeitsschritte besprochen werden.

Es handelt sich bei der Methode um eine Alternative zum Vortrag oder zum Lehrgespräch. Die Teilnehmer werden angeleitet, sich Lerninhalte selbstständig zu erarbeiten und untereinander weiterzuvermitteln.

Hilfen zur Textarbeit:
*Text-ABC:* Suchen Sie zentrale Begriffe aus dem Text und tragen Sie diese in eine alphabetische Liste ein.

*Aha?!:* Wählen Sie Informationen aus dem Text, die für Sie überraschend sind, weil sie nicht Ihrer bisherigen Meinung entsprechen. Notieren Sie Inhalte, die Ihrer Meinung nach neu sind!

*So sieht´s aus:* Bringen Sie den Inhalt auf den Punkt. Was ist (sind) die zentrale(n) Aussage(n)?

*Vertraut und neu:* Was ist im Allgemeinen bereits bekannt? Welche Informationen sind der Allgemeinheit wohl neu?

*Im Bild:* Versuchen Sie, die zentralen Inhalte des Textes bildlich darzustellen (z.B. durch Collage oder Zeichnung).

*Auf den Tisch gebracht:* Suchen Sie Aussagen, die Ihrer Meinung nach diskussionswürdig sind.

Platz für eigene Notizen:

# Fragen

## Expertengruppe: Atemstörungen

**1.** Lesen Sie sich die Kurzinformationen zum Themenschwerpunkt durch. Bei Fragen oder Unklarheiten hilft der Trainer gern weiter.

**2.** Besprechen Sie in der Kleingruppe die allgemeinen Ursachen für Atemstörungen. Versuchen Sie, offene Fragen in der Gruppe zu klären und wählen Sie einen Moderator, der der Gesamtgruppe die wichtigsten Punkte vorstellt.

**3.** Lesen und besprechen Sie die aufgeführten Einzelthemen und überlegen Sie, wie Sie die Merkmale und Maßnahmen der drei verschiedenen Notfälle der Gesamtgruppe sinnvoll und verständlich präsentieren können (in max. 10 Min.).

## Expertengruppe: Herz-Kreislauf-Störungen

**1.** Lesen Sie sich die Kurzinformationen zum Themenschwerpunkt durch. Bei Fragen oder Unklarheiten hilft der Trainer gern weiter.

**2.** Lesen und besprechen Sie die aufgeführten Einzelthemen. Worin unterscheiden sie sich? Überlegen Sie, wie Sie die beiden Notfälle der Gesamtgruppe sinnvoll und verständlich präsentieren können (in max. 10 Min.).

**3.** Lassen sich Herz-Kreislauf-Störungen vermeiden? Diskutieren Sie, welche Vorbeugungsmaßnahmen leicht umzusetzen sind und wo es möglicherweise Schwierigkeiten geben könnte. Wählen Sie einen Moderator, der der Gesamtgruppe die wichtigsten Punkte kurz vorstellt.

## Expertengruppe: Bewusstseinsstörungen

**1.** Lesen Sie sich die Kurzinformation zum Themenschwerpunkt durch. Bei Fragen oder Unklarheiten hilft der Trainer gern weiter.

**2.** Besprechen Sie in der Kleingruppe die allgemeinen Ursachen für Störungen des Bewusstseins. Versuchen Sie, offene Fragen in der Gruppe zu klären und wählen Sie einen Moderator, der der Gesamtgruppe die wichtigsten Punkte vorstellt.

**3.** Lesen und besprechen Sie die aufgeführten Einzelthemen und überlegen Sie, wie Sie die Merkmale und Maßnahmen der drei verschiedenen Notfälle der Gesamtgruppe sinnvoll und verständlich präsentieren können (in max. 10 Min.).

# Expertengruppe: Atemstörungen (1)

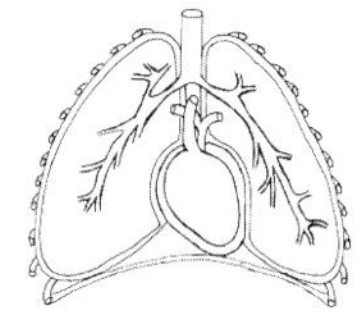

## Kurzinformationen: Atmung, Atemstörungen, Atemstillstand

### Wie atmet der Mensch und wie wird die Atmung kontrolliert?

Über die Atmung nimmt der menschliche Körper den lebensnotwendigen Sauerstoff auf. Gleichzeitig wird durch das Atmen Kohlendioxid aus dem Körper ausgeschieden. Bein Einatmen gelangt die Luft durch die oberen Atemwege (Mund, Nase und Rachen) in die unteren Atemwege (Bronchien und Lungen). Die unter dem Kehlkopf beginnende Luftröhre teilt sich in ihrem weiteren Verlauf im Brustkorb in zwei Hauptbronchien, die zu je einem Lungenflügel führen. In den Lungenflügeln verästeln sich die Bronchienstränge immer weiter, bis sie schließlich in tausenden Lungenbläschen enden. In den Lungenbläschen kann der Sauerstoff aus der Einatemluft in den Blutkreislauf überführt werden, um von hier aus die Organe zu versorgen.

Ein Erwachsener atmet ca. 12- bis 15-mal pro Minute, Kinder etwas häufiger. Bei Erste-Hilfe-Maßnahmen erfolgt die Atemkontrolle durch Beobachten des Brustkorbs und Fühlen der Atembewegung durch Auflegen der Hände auf Rippenbogen und Oberbauch.

### Warum ist es möglich, Menschen mit »verbrauchter Ausatemluft« zu beatmen?

Vom durchschnittlichen Sauerstoffanteil der eingeatmeten Luft (ca. 21%) werden während eines Atemzugs nur 4% verbraucht. Die verbleibenden 17% Sauerstoff unserer Ausatemluft reichen also zur Beatmung eines Verletzten aus.

### Ursachen für Atemstörungen oder einen Atemstillstand

- Zurücksinken des Zungengrundes bei Bewusstlosigkeit,
- Schwellung der Atemwege durch Insektenstiche,
- Verlegung durch Fremdkörper,
- Asthma,
- Verletzungen an der Luftröhre,
- Lungenerkrankungen oder -verletzungen,
- Brustkorbverletzungen,
- Herzerkrankungen (chronische Herzschwäche, Herzmuskelentzündung o.Ä.),
- andere Ursachen (Hyperventilation, Ertrinken, Strangulation o.Ä.).

# Expertengruppe: Atemstörungen (2)

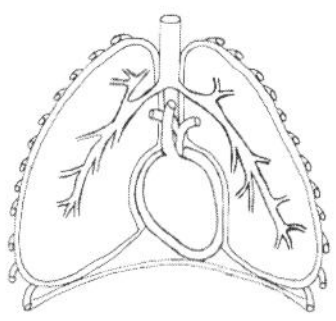

## Kurzinformationen: Einzelthemen

### I. Fremdkörper in den Atemwegen

Häufig kommt es während des Essens zu diesem Notfall. Zu hastiges Essen, gleichzeitiges Sprechen oder Lachen, aber auch das Verschlucken eines Bonbons können die Ursache sein. Relativ oft kommt dieser Notfall auch bei Kleinkindern vor, da Kinder in den ersten Lebensjahren alle möglichen Gegenstände in den Mund nehmen.

Symptome:

- Betroffener greift sich instinktiv an den Hals,
- Husten mit Atemnot, evtl. Würgereiz,
- pfeifende Atemgeräusche,
- bläuliche Gesichtsfarbe.

Maßnahmen:

- Sofort Notruf absetzen!
- Der Betroffene lehnt sich mit dem Oberkörper nach vorne.
- Der Helfer klopft mit der flachen Hand kräftig zwischen die Schulterblätter des Betroffenen.
- Kleine Kinder legt man entweder über das Knie oder fasst sie nach Möglichkeit mit einer Hand an den Füßen, lässt sie kopfüber hängen und klopft ihnen leicht auf den Rücken.

### II. Insektenstiche

Vor allem in den Sommermonaten besteht die Gefahr, während des Essens oder Trinkens von einem Insekt im Mund-Rachen-Raum gestochen zu werden. Der Giftstoff sorgt dabei für eine heftige Schwellung innerhalb kürzester Zeit. Die Atemwege werden eingeengt und es besteht v.a. bei Allergikern Lebensgefahr.

Symptome:

- plötzlich einsetzende Atemnot,
- Schmerzen, Rötung und Schwellung in Mund und Rachen,
- große Aufregung und Erstickungsangst.

Maßnahmen:

- Sofort Notruf absetzen!
- Kühlen von außen mit Eisbeuteln oder kalten Umschlägen,
- Kühlen von innen durch Lutschen von Eiswürfeln oder Speiseeis,
- bei Bewusstlosigkeit: je nach Zustand stabile Seitenlage oder Atemspende.

### III. Hyperventilation

Meist sind es junge Menschen, die in einer psychischen Stresssituation hyperventilieren. Dabei kommt es zu einer gesteigerten Atemfrequenz und -tiefe, was zur Folge hat, dass Kohlendioxid vermehrt abgeatmet wird, und der Sauerstoffgehalt im Blut steigt.

Symptome:

- schnelle Atmung,
- Kribbelgefühl an Armen und Händen,
- Krämpfe in den Händen (»Pfötchenstellung«) und im Mundbereich (»Karpfenmund«),
- Angst, Unruhe, Blässe und Schwitzen.

Maßnahmen:

- den Betroffenen abschirmen und beruhigen,
- den Betroffenen in eine Plastiktüte zurückatmen lassen.
- Achtung: Informieren Sie den Betroffenen zunächst über Ihr Vorhaben!

S+K
Stumpf+Kossendey
Verlag

# Expertengruppe: Herz-Kreislauf-System (1)

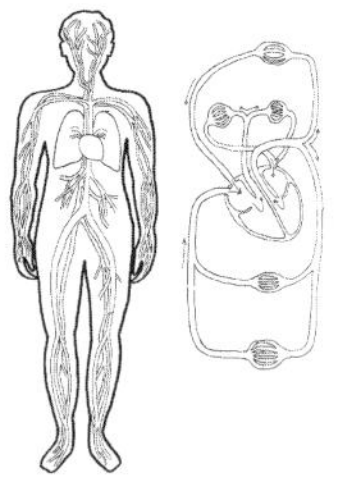

## Kurzinformationen:
## Herz und Herz-Kreislauf-System

### Wie funktioniert das Herz-Kreislauf-System?

Das Herz, die Blutgefäße und das Blut bilden das Herz-Kreislauf-System. Das Herz, das sich etwa in der Mitte des Brustkorbs befindet, hält als Pumpe den Kreislauf aufrecht. Die Herzspitze liegt leicht nach links versetzt auf dem Zwerchfell auf. Durch die Herzklappen und das zyklische Zusammenziehen der Muskulatur wirkt das Herz wie eine Pumpe, die den Kreislauf aufrechterhält. Bei einer Größe, die etwa der der eigenen Faust entspricht, pumpt das Herz eines Erwachsenen mit durchschnittlich 60 – 80 Schlägen pro Minute etwa 5 – 7 Liter Blut durch den Körper.

### Was sind Blutgefäße?

Die Blutgefäße werden unterteilt in Arterien und Venen. Arterien führen vom Herzen weg und verzweigen sich im Körper in immer dünner werdende Verästelungen bis hin zu kleinsten Haargefäßen, den Kapillaren. Dort werden Sauerstoff und Nährstoffe an die Zellen abgegeben und im Gegenzug Stoffwechselprodukte aufgenommen. Die Kapillargefäße wiederum gehen in kleinste Venen über, die sich zum Herzen hin immer weiter vergrößern. In den Venen fließt das Blut zum Herzen zurück.

### Welche Funktionen erfüllt Blut im menschlichen Körper?

- Transportmittel für Sauerstoff, Nährstoffe, Kohlendioxid und Abfallprodukte,
- Wärmeregulator,
- Abwehr von Krankheitserregern,
- Wundheilung durch Blutgerinnung.

# Expertengruppe: Herz-Kreislauf-System (2)

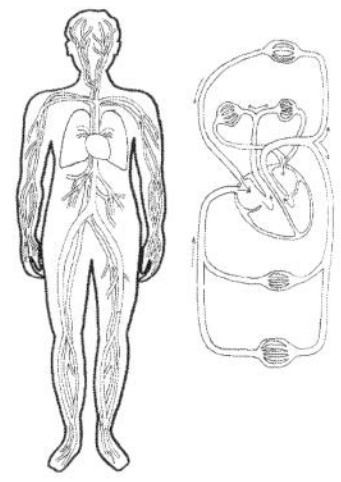

## Kurzinformationen:
## Einzelthemen

### Herzinfarkt und Angina pectoris

Herzinfarkte und Angina-pectoris-Anfälle gehören aufgrund von Stress, Bewegungsmangel, ungesunder Ernährung sowie übermäßigem Zigaretten- und Alkoholkonsum zu den am weitesten verbreiteten Volkskrankheiten.

Während bei der Angina pectoris eine krankhafte Verengung der Herzkranzgefäße zu einem akuten Sauerstoffmangel des Herzmuskels führt, verschließen beim Herzinfarkt festsitzende Blutgerinnsel die Herzkranzgefäße und somit die dahinter liegenden Blutgefäße, die in der Folge absterben. Die Angina pectoris ist somit ein vorübergehendes Notfallbild, bei dem die Symptome durch die notwendige Ruhe und Schonung wieder abklingen.

Beide Krankheitsbilder sind vom Laien nur schwer voneinander zu unterscheiden. Daher werden sie im Rahmen der Ersten Hilfe gleichermaßen versorgt.

Symptome:
- typische Situation: sitzende Person mit Atemnot,
- plötzlich eintretende Schmerzen in Brust, Hals, Bauch, Rücken oder linkem Arm,
- Beklemmungsgefühl in der Brust und Atemnot,
- blasse und kaltschweißige Haut,
- eventuell Bewusstseinsstörungen.

Maßnahmen:
- Sofort Notruf absetzen!
- den Betroffenen zur absoluten Ruhe auffordern,
- atemerleichternde Haltung (Oberkörper hoch lagern),
- einengende Kleidung öffnen,
- für Frischluftzufuhr sorgen,
- beruhigende Atemanweisungen geben.

Vorbeugung:
Herz-Kreislauf-Störungen sind nie ganz auszuschließen. Allerdings kann man den so genannten Risikofaktoren vorbeugen:
- Ihr Herz freut sich über eine ausgewogene und nicht zu fettreiche Ernährung.
- Halten Sie Faktoren wie Rauchen, Stress und Übergewicht möglichst gering.
- Dosierte körperliche Aktivität hält Ihr Herz fit.
- Ab einem gewissen Alter sind jährliche Gesundheitschecks sinnvoll.

# Expertengruppe Bewusstseinsstörungen (1)

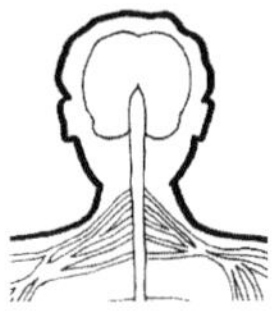

## Kurzinformationen: Bewusstsein und Bewusstseinsstörungen

### Was ist das Bewusstsein?

Unter Bewusstsein versteht man die Fähigkeit des Menschen, sich räumlich und zeitlich zu orientieren, auf Reize zu reagieren und auf Fragen zu antworten. Ein Mensch, der bei Bewusstsein ist, kann in der Regel Außenreize über die Sinnesorgane aufnehmen und ist in der Lage, geordnete Bewegungsabläufe auszuführen.

Bei Bewusstseinsstörungen leidet der Betroffene unter Kopfschmerzen, Übelkeit, Benommenheit und Erinnerungslücken. Kommt es zum vollständigen Aussetzen des Bewusstseins, spricht man vom Zustand der Bewusstlosigkeit. Einen bewusstlosen Menschen erkennen Sie daran, dass er weder ansprechbar ist noch auf Reize von außen reagiert. Außerdem ist die Muskulatur völlig erschlafft. Der Zustand ist vergleichbar mit einem Tiefschlaf, aus dem der Mensch nicht aufgeweckt werden kann.

### Warum ist eine Bewusstlosigkeit so gefährlich?

Die größte Gefahr bei einer Bewusstlosigkeit besteht in der Verlegung der Atemwege. Aufgrund der erschlafften Muskulatur kann die Zunge zurücksinken und die Atemwege im Rachenraum verschließen. Erbrochenes, Blut, Speichel oder andere Fremdkörper können durch Anatmen und durch den fehlenden Hustenreflex in die Lungen geraten und zum Ersticken führen.

### Ursachen von Bewusstseinsstörungen

- Gewalteinwirkungen auf den Kopf (z.B. durch einen Schlag oder Aufprall auf einen festen Gegenstand),
- Gefäßverschlüsse bzw. Gefäßverengungen im Gehirn (z.B. Schlaganfall),
- hirnbedingte Krampfanfälle (z.B. Epilepsie oder Fieberkrämpfe),
- Stoffwechselstörungen (z.B. der Nieren, der Leber oder durch Blutzuckerentgleisungen),
- Vergiftungen (z.B. durch Tabletten, Alkohol, Lebensmittel o.Ä.),
- Folgen durch Umwelteinflüsse (z.B. Hitzschlag, Sonnenstich, Unterkühlung o.Ä.).

# Expertengruppe Bewusstseinsstörungen (2)

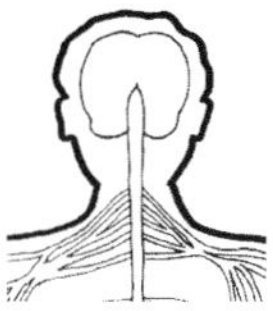

## Kurzinformationen: Einzelthemen

### I. Gewalteinwirkungen auf den Kopf

Durch eine direkte (z.B. Schlag) oder eine indirekte (z.B. Sturz oder Aufprall) Gewalteinwirkung auf den Kopf kann es zu Verletzungen im Schädel-Hirn-Bereich kommen. Folgen solcher Gewalteinwirkungen sind häufig Bewusstseinsstörungen oder die komplette Bewusstlosigkeit.

Symptome:

- Erinnerungslücken, kurzzeitiger Bewusstseinsschwund bis hin zur Bewusstlosigkeit,
- Kopfschmerzen und Schwindelgefühle,
- Übelkeit und Erbrechen.

Maßnahmen:

- bei Bewusstlosigkeit: stabile Seitenlage oder Atemspende;
- bei Bewusstseinsklarheit: Lagerung nach eigenem Wunsch, vorzugsweise mit leicht erhöhtem Oberkörper.
- Ob der Betroffene aufstehen darf, entscheidet der Arzt.
- Eine offene Wunde wird keimfrei bedeckt und mit einem Verband locker fixiert.

### II. Hirnbedingte Krampfanfälle (Epilepsie)

Die Ursache von unkontrollierten Nervenimpulsen und unwillkürlichen Krampfanfällen liegt in einer Fehlfunktion im Gehirn begründet. Krampfanfälle können auf Körperregionen begrenzt sein oder aber den ganzen Körper betreffen.

Symptome während des Krampfanfalls:

- häufig »Initialschrei«,
- Bewusstseinsverlust und etwa 30-sekündige Muskelverkrampfung,
- anschließend bis zu drei Minuten dauernde Zuckungen,
- Zungenbiss, Einnässen, Schaumbildung vor dem Mund.

Symptome nach dem Krampfanfall:

- zeitliche und örtliche Orientierungslosigkeit,
- Bewusstseinsstörungen bei sich normalisierender Atmung,
- Müdigkeit und Nachschlafphase.

Maßnahmen:

- Sofort Notruf absetzen!
- Den Betroffenen vor Eigenverletzungen schützen (Entfernen scharfkantiger Gegenstände),
- krampfende Körperteile auf keinen Fall festhalten,
- nach der Krampfphase den bewusstlosen Patienten in die stabile Seitenlage bringen,

### III. Schlaganfall

Bei einem Schlaganfall handelt es sich um eine Durchblutungsstörung des Gehirns. Diese tritt durch das Platzen eines Blutgefäßes oder durch ein Blutgerinsel auf, das sich in einer Arterie im Gehirn festsetzt hat und die Sauerstoffzufuhr verstopft.

Symptome:

- Kopfschmerzen, Übelkeit, Erbrechen, Schwindelgefühle,
- körperliche Ausfall- oder Lähmungserscheinungen,
- Sehstörungen, Wortfindungs- oder Sprachprobleme,
- Bewusstseinsstörungen bis hin zum Herz-Kreislauf-Stillstand.

Maßnahmen:

- Sofort Notruf absetzen! Ständige Puls- und Atemkontrolle,
- bei vorhandenem Bewusstsein: Oberkörper hochlagern.
- Beruhigen (das bewusste Erleben eines Schlaganfalls ist psychisch äußerst belastend.)

## *Stammtischdiskussion*

Kleingruppen mit max. 5 Teilnehmern

10 – 15 Minuten

kein Zusatzmaterial erforderlich, evtl. Musik im Hintergrund

Die Kleingruppen werden vom Trainer so im Raum bzw. in Nebenräume verteilt, dass ungestörte Gespräche und Diskussionen möglich sind. Jede Gruppe diskutiert das Thema Helmabnahme. Die Diskussionsteilnehmer jeder Kleingruppe sollen Gründe nennen und Einschränkungen und Bedingungen diskutieren, ob der Helm nach einem Motorradunfall abgenommen oder nicht abgenommen werden soll. Es werden jeweils 2 – 3 Pro- und Contra-Argumente von jeder Gruppe festgehalten.

Im Anschluss werden die Thesen und Ansichten der Diskussionsteilnehmer vorgestellt. Der Trainer moderiert und gibt ggf. fachliche Unterstützung.

Variante: Alternativ zum Thema Helmabnahme lassen sich auch Themen wie rechtliche Grundlagen für die Erste Hilfe oder die Frage nach dem Zeitpunkt der Beendigung einer Herz-Lungen-Wiederbelebung diskutieren.

Platz für eigene Notizen:

# Methoden zur Wiederholung und Vertiefung

## *Stationsarbeit*

Gesamtgruppe

20 – 30 Minuten

Sämtliches Material des Erste-Hilfe-Kurses, Stationskarten mit Aufgaben, evtl. Texte und Musik

Im Unterrichtsraum werden vier verschiedene Stationen aufgebaut. An jeder Station liegen eine Beschreibung sowie die dazu notwendigen Unterrichtsmittel (s. nachfolgende Kopiervorlagen). Alle Teilnehmer haben während der Arbeitsphase die Möglichkeit, sich noch einmal mit den Inhalten und Übungen des Kurses nach eigenem Wunsch zu befassen. Der Trainer leitet die Stationsarbeit ein, indem er die Aufgaben vorstellt, die Regeln erklärt und eine Zeitvorgabe gibt. Er steht zur Beratung oder zur Klärung von Fragen bereit.

- ▶ Station 1:
  Herz-Lungen-Wiederbelebung,
- ▶ Station 2:
  Helmabnahme und stabile Seitenlage,
- ▶ Station 3:
  Inhalte des Verbandkastens,
  Übung Druckverband,
- ▶ Station 4:
  Rätsel, Spiele und Informationen rund um die Erste Hilfe.

Regeln:

- ▶ Alle Teilnehmer beschäftigen sich mit mindestens zwei Stationen.
- ▶ Kein Teilnehmer soll andere Teilnehmer stören.
- ▶ An jeder Station halten sich etwa gleich viele Teilnehmer auf.
- ▶ Jeder Teilnehmer wechselt mindestens einmal die Station.

Tipp: Als Informationen für Station 4 eignen sich Broschüren und Flyer z.B. von Krankenkassen zu den Themen Alkohol-, Drogen und Spielsucht. Weiterhin interessant sind Informationen zu den Themen Organspende, AIDS und Schlaganfall. Bezugsquellen: Bundeszentrale für gesundheitliche Aufklärung (www.bzga.de) oder Arbeitskreis Organspende (www.akos.de). Ebenfalls thematisiert können werden: Sportverletzungen und Kindernotfälle. Informationen hierzu gibt es von örtlichen Kinderärzten oder beim Sportkrankenhaus Hellersen (www.sportkrankenhaus.de).

Platz für eigene Notizen:

## Station 1

Auf der Decke liegen zwei Phantome,
die darauf warten, wiederbelebt zu werden!

Sie können entweder die **Einhelfermethode** anwenden
oder mit jemand anderem zusammen die **Zweihelfermethode.**

Zur Erinnerung:

| Atemspende | – | Herzdruckmassage |
|---|---|---|
| 2 | – | 30 |

## Station 2

Auf der Decke liegt ein Helm.
Üben Sie zu dritt die Helmabnahme!

Da der Helm in der Regel nur einem
bewusstlosen Verletzten abgenommen wird,
ist es sinnvoll, den Verletzten direkt im Anschluss an die
Helmabnahme in die stabile Seitenlage zu bringen.

## Station 3

Durchstöbern Sie den Verbandkasten in aller Ruhe.
Im Ernstfall sind Sie froh, wenn Sie wissen, was sich darin befindet.

Außerdem liegt genügend Verbandmaterial aus,
so dass Sie zusammen mit einem Partner den
Druckverband nochmals üben können.

## Station 4

Es liegen verschiedene Rätsel und Spiele aus. Viel Spaß damit.

Außerdem bietet Ihnen das ausliegende Informationsmaterial
die Möglichkeit, die Sachverhalte nachzulesen,
die Sie entweder nicht richtig verstanden haben
oder über die Sie weitere Informationen haben möchten.

## *Rollenspiele*

Platz für eigene Notizen:

Gesamtgruppe

5 – 20 Minuten

Rollenspielkarten, Erste-Hilfe-Material, evtl. Musik im Hintergrund

Die Teilnehmer sitzen im Plenum. Der Trainer verteilt nach und nach Rollenspielkarten (s. nachfolgende Kopiervorlagen). Auf den einzelnen Rollenspielkarten wird je ein Notfall beschrieben. Zusätzlich erhält der Darsteller Tipps zur Gestaltung der Situation. Nach dem Durchlesen soll der Teilnehmer anhand der Karte die Aufgabe umsetzen und den Notfall »nachspielen«. Die übrigen Teilnehmer besprechen die dargestellte Aktion und versuchen helfend einzugreifen. Anschließend wird der Notfall sowohl aus der Sicht des Darstellers als auch aus Teilnehmerperspektive besprochen. Der Trainer bleibt passiv im Hintergrund und ergänzt nur, wenn er gefragt wird.

Hinweis: Die Rollenspielkarten »LSM« beziehen sich auf die Inhalte des Seminars Lebensrettende Sofortmaßnahmen« am Unfallort; die Rollenspielkarten »EH« beziehen sich aufbauend auf die Inhalte des Seminars Erste Hilfe.

## Rollenspielkarten Lebensrettende Sofortmaßnahmen am Unfallort

### Rollenspielkarte LSM 1

**INFO:**
Gut gelaunt rennen Sie die frisch geputzte Treppe hinunter. Dabei rutschen Sie auf einer Stufe ab und fallen. Hilflos bleiben Sie liegen.

**DARSTELLERTIPP:**
Sie haben einen großen Schreck bekommen, spüren aber zunächst keine weiteren Verletzungen. Durch den Schreck sind Sie aufgeregt und können sich überhaupt nicht vorstellen, wie so etwas geschehen konnte. Aufgrund des Sturzes sind Sie nicht in der Lage, von selbst aufzustehen, und sind froh über helfende Personen.

### Rollenspielkarte LSM 2

**INFO:**
Bei nasser Straße muss der vor Ihnen fahrende Wagen plötzlich stark bremsen. Als Sie ebenfalls bremsen, rutschen Sie dem Vordermann ins Auto. Nach dem Aufprall haben Sie Schmerzen im Bein.

**DARSTELLERTIPP:**
Sie haben einen großen Schreck und das Gefühl, Ihre Beine nicht mehr bewegen zu können. Durch den Schmerz haben Sie große Angst und beginnen zu zittern und zu frieren. Sie sind unsicher, weil Sie Angst vor weiteren Folgen (Brand, Explosion usw.) haben und sind froh über jede Hilfe.

### Rollenspielkarte LSM 3

**INFO:**
Nach einem langen Waldlauf brechen Sie bewusstlos zusammen und liegen regungslos auf dem Boden.

**DARSTELLERTIPP:**
Sie reagieren nicht auf Ansprechen und Anfassen durch einen Helfer. Sie liegen bewegungslos und schlaff auf dem Boden. Atmen Sie weiter und versuchen Sie nicht, die Luft anzuhalten. Sollte Ihnen jemand die Beine anheben, kommen Sie langsam wieder zu sich.

### Rollenspielkarte LSM 4

**INFO:**
Bei der Arbeit sind Sie mit Ihrem Messer abgerutscht und haben eine stark blutende Wunde am Unterarm.

**DARSTELLERTIPP:**
Sie sind erschrocken, spüren aber zunächst keine Schmerzen und sehen nur die Wunde am Arm. Sie versuchen, die Wunde mit Ihrer Hand durch Zuhalten irgendwie zu schützen.
Sie beginnen zu frieren. Nach einiger Zeit spüren Sie ein unsicheres Schwindelgefühl.

### Rollenspielkarte LSM 5

**INFO:**
Sie sind mit Ihrem Motorrad unterwegs und kommen in einer Kurve bei hoher Geschwindigkeit ins Schleudern und stürzen. Regungslos bleiben Sie neben Ihrem Motorrad liegen.

**DARSTELLERTIPP:**
Sie reagieren nicht auf Ansprechen und Anfassen durch einen Helfer. Stattdessen liegen Sie regungslos und schlaff auf dem Boden. Atmen Sie weiter und versuchen Sie nicht, die Luft anzuhalten. Auch durch weitere Hilfe sind Sie nicht aufzuwecken.

### Rollenspielkarte LSM 6

**INFO:**
Sie wollen mit dem Fahrrad von der Straße auf den Bürgersteig wechseln. An der Kante rutschen Sie mit dem Reifen ab und fallen auf die Fahrbahn. Dabei ziehen Sie sich eine blutende Verletzung am Kopf zu.

**DARSTELLERTIPP:**
Sie liegen leicht benommen auf der Straße und haben starke Schmerzen am Kopf und an den Beinen. Sie spüren, dass Ihnen Blut über das Gesicht rinnt. Sie haben Angst vor dem nachfolgenden Verkehr, können sich aber selbst nicht retten.

### Rollenspielkarte LSM 7

**INFO:**
Während eines Volleyballspiels bekommen Sie einen geschmetterten Ball mit voller Wucht ins Gesicht. Sie fallen hin und sind kurzzeitig bewusstlos. Als Sie wieder wach werden, bluten Sie stark aus der Nase.

**DARSTELLERTIPP:**
Sie reagieren benommen auf Ansprechen und wissen nur noch, dass Sie vom Ball getroffen wurden. Sie halten die Hand vor Ihr Gesicht, weil die Nase stark blutet. Sie spüren ein Druckgefühl im Kopf, jedoch keine Übelkeit.

### Rollenspielkarte LSM 8

**INFO:**
Sie werden Zeuge eines Auffahrunfalls auf der Autobahn. Die Unfallwagen blockieren eine Fahrspur. Die Insassen scheinen unverletzt. Nach und nach halten mehrere Autofahrer an.

**DARSTELLERTIPP:**
Sie beauftragen einen Passanten, die Unfallstelle abzusichern. Sie drücken ihm hierzu Ihr Warndreieck in die Hand. Um sich nicht selbst in Gefahr zu bringen, retten Sie die Verletzten aus der Gefahrenzone. Beruhigen Sie die Verletzten. Setzen Sie den Notruf ab.

Stumpf+Kossendey Verlag

## Rollenspielkarte EH 1

**Info:**
Bei Routinearbeiten an der Drehbank löst sich ein Metallspan und verletzt Sie am Arm. Da Sie keine Schutzbekleidung trugen, konnte sich der Span in den Arm bohren und steckt dort fest. Es sickert nur wenig Blut aus der Wunde.

**Darstellertipp:**
Sie halten sich den verletzten Arm und suchen unruhig jemanden, der Ihnen helfen kann. Der Schmerz ist unangenehm, die Blutung jedoch nicht stark. Sie machen sich Sorgen wegen des herausragenden Fremdkörpers.

## Rollenspielkarte EH 2

**Info:**
Beim Fußballspielen stoßen Sie und Ihr Gegenspieler während eines Kopfballduells mit den Köpfen zusammen. Benommen liegen Sie auf dem Sportplatz.

**Darstellertipp:**
Sie reagieren auf Ansprechen und können sich mit den Betreuern unterhalten, wissen jedoch nicht ganz genau, was passiert ist. Sie halten sich den Kopf und bemerken Blut an Ihren Fingern. Sie beginnen zu frieren, da Sie auf dem kalten Boden sitzen müssen, und klagen über leichte Übelkeit.

## Rollenspielkarte EH 3

**Info:**
Während Sie das Essen zubereiten, schneiden Sie sich mit dem Messer in die Fingerkuppe. Sofort beginnt es zu bluten.

**Darstellertipp:**
Mit schmerzverzerrtem Gesicht halten Sie sich den Finger und schauen ihn an, obwohl Sie eigentlich kein Blut sehen können. Sie sind froh, als Ihnen geholfen wird und der Schmerz etwas nachlässt.

## Rollenspielkarte EH 4

**Info:**
Sie spielen in Ihrer Freizeit Volleyball. Nach dem Blocken landen Sie auf dem Fuß Ihres Mitspielers und knicken dabei um.

**Darstellertipp:**
Sie sind erschrocken und haben starke Schmerzen am verletzten Fuß, besonders wenn man die Stelle berührt. Sie haben Angst, den Fuß zu bewegen. Sie beginnen zu frieren und klagen über eine leichte Übelkeit.

## Rollenspielkarte EH 5

**Info:**
Nachts werden Sie plötzlich wach und haben Herz-Kreislauf-Beschwerden. Die starken Schmerzen in der Brust strahlen bis in den linken Arm aus.

**Darstellertipp:**
Sie fassen sich mit der rechten Hand an die Brust und klagen über stechende Schmerzen. Sie geraten in Panik, weil Sie sich nicht mehr bewegen können und haben große Angst. Das Atmen fällt Ihnen schwer und Sie atmen schneller als normal.

## Rollenspielkarte EH 6

**Info:**
Nach einer Party sind Sie angetrunken im Freien eingeschlafen und haben eine Unterkühlung erlitten. Frierend liegen Sie auf dem Boden.

**Darstellertipp:**
Sie zittern an Armen und Beinen und beschweren sich über die Kälte. Sie sind müde und reagieren mit etwas Verzögerung. Sie können sich nicht richtig bewegen und erinnern sich nicht, warum Sie auf dem Boden liegen. Ihre Hände und Füße schmerzen vor Kälte.

## Rollenspielkarte EH 7

**Info:**
Als Sie eine Schale mit Lasagne aus dem Backofen nehmen wollen, berühren Sie mit der Hand die Heizstäbe des Herdes und ziehen sich starke Verbrennungen am Handrücken zu.

**Darstellertipp:**
Sie halten die verbrannte Hand mit der anderen fest und sehen Brandbläschen auf dem Handrücken. Sie haben starke Schmerzen an der verbrannten Körperstelle. Durch eine Kaltwasseranwendung lassen die Schmerzen etwas nach.

## Rollenspielkarte EH 8

**Info:**
Sie erleiden einen Krampfanfall und zucken auf dem Boden liegend unkontrolliert mit den Armen und Beinen.

**Darstellertipp:**
Sie zucken mit Armen und Beinen sowie dem Kopf (VORSICHT!) schnell und unkontrolliert. Während des Krampfes sind Sie nicht ansprechbar. Nach dem Krampf bleiben Sie ruhig liegen und reagieren vorsichtig auf Ansprechen. Sie sind froh, dass Hilfe da ist und wissen nicht genau, was passiert ist.

## *Abschlusstest*

Kleingruppen mit 3 – 6 Teilnehmern

15 Minuten

Abschlusstest, Stifte, evtl. Musik im Hintergrund

Jede Kleingruppe bekommt einen Test zur Bearbeitung (Beispieltest s. nachfolgede Kopiervorlage). Nach Beendigung der Arbeitsphase gibt jede Kleingruppe ihr Arbeitsblatt an eine andere Gruppe weiter. Diese soll nun die Antworten überprüfen. Parallel dazu geht der Trainer jede Aufgabe durch und bespricht mit dem Plenum die richtige Antwort.

Platz für eigene Notizen:

## Abschlusstest

**1. Wie lautet Ihrer Meinung nach die wichtigste Sofortmaßnahme am Unfallort? Begründen Sie Ihre Aussage!**

______________________________

______________________________

**2. Was soll beim Retten aus dem Gefahrenbereich durch den Rettungsgriff nach Möglichkeit vermieden werden?**

- ☐ **weitere Verletzungen**
- ☐ **das Wecken einer bewusstlosen Person**
- ☐ **die Ansteckungsgefahr**

**3. Nennen Sie die Gefahren der Bewusstlosigkeit:**

______________________________

______________________________

**4. Nennen Sie mindestens zwei Möglichkeiten der Atemspende:**

**Mund-zu-** ____________, **Mund-zu-** ____________

**5. Welcher Rhythmus muss bei der Herz-Lungen-Wiederbelebung eingehalten werden?**

☐ **1:5** ☐ **2:30** ☐ **2:10**

**6. Ordnen Sie zu (⟶)**

| **Zustand** | **Maßnahme** |
|---|---|
| 1. bewusstlos, Puls und Atmung vorhanden | a. stabile Seitenlage |
| 2. bei Bewusstsein, Puls und Atmung vorhanden | b. HLW |
| 3. bewusstlos, Puls und Atmung fehlen | c. betreuen, beruhigen |

**7. Sie finden nach einem Unfall einen bewusstlosen Motorradfahrer vor. Warum muss in einer solchen Situation der Helm auf jeden Fall abgenommen werden?**
**Nennen Sie drei Gründe!**

______________________________

______________________________

______________________________

**8. Wie wird eine stark blutende Wunde am Arm oder am Bein richtig versorgt?**

- ☐ durch einen oder mehrere Verbände
- ☐ durch Abbinden und Abdecken der Wunde
- ☐ durch Hochhalten, Abdrücken und Anlegen eines Druckverbandes

**9. Nennen Sie drei Anzeichen eines Volumenmangelschocks und geben Sie die zu ergreifenden Maßnahmen an!**

| | |
|---|---|
| | |
| | |
| | |

**10. Wie wird eine Person mit einem Volumenmangelschock richtig gelagert?**

- ☐ in der stabilen Seitenlage
- ☐ mit aufrechtem Oberkörper, um die Atmung zu erleichtern
- ☐ in Rückenlage mit hoch gelagerten Beinen

**11. Welche 5 W´s sind beim Absetzen des Notrufs zu beachten?**

______________________________

______________________________

______________________________

## *Top-Acts*

Gesamtgruppe

5 Minuten

Moderationskärtchen, Stifte, Softball

Jeder Teilnehmer fasst seine persönlichen Gedanken zum Seminar in drei Eigenschaftsworten zusammen, den so genannten Top-Acts (Bsp.: lustig, einfallsreich, hilfreich) und notiert diese auf seiner Moderationskarte. Wenn alle ihre Top-Acts aufgeschrieben haben, beginnt ein Teilnehmer, seine Eigenschaften vorzustellen. Durch Zuwerfen des Softballs wird nun der nächste Teilnehmer bestimmt, bis alle einmal an der Reihe waren.

Tipp: Die Methode eignet sich besonders bei großen Gruppen, wenn möglichst viele zu Wort kommen sollen und es dennoch schnell gehen muss.

Platz für eigene Notizen:

# Methoden zur Evaluation und Reflexion von Seminaren

## *Stimmungsbarometer*

Gesamtgruppe

5 Minuten

Stimmungsbilder oder -kärtchen, Klebepunkte oder Stifte

Der Trainer hängt die Stimmungsbilder im Raum auf oder malt sie auf das Flipchart (s. nachfolgende Kopiervorlage). Die Teilnehmer kleben beim Verlassen des Raumes ihre Punkte zu dem Gesicht, das ihre Befindlichkeit ausdrückt. Anstelle von Klebepunkten können auch Punkte gemalt werden.

Der Trainer sollte bei der Wertung der Teilnehmer nicht hinsehen. Rechtfertigungen der Teilnehmer werden nicht verlangt.

Platz für eigene Notizen:

S+K
Stumpf+Kossendey
Verlag

## Stimmungsbarometer

# Wie fühlen Sie sich im Moment?

sehr gut

gut

nicht so gut

schlecht

## *Skalen-Feedback*

Platz für eigene Notizen:

Einzelarbeit

5 – 10 Minuten

Flipchart, Stifte, evtl. Klebepunkte, vorbereitete Skalen

Die Skalen werden vom Trainer entweder auf das Flipchart aufgemalt oder als fertige Vorlage ausgelegt. Die Teilnehmer tragen ihre Befindlichkeit mit Klebepunkten oder Kreuzchen in die Skalen ein. Durch den Einsatz laufender Skalen wird eine Meinungspolarisierung auf ausschließlich »ja« oder »nein« vermieden und es kommt zu Abstufungen.

*Tipp:* Wählt man die Skaleneinstellung so, dass keine mittlere Stufe vorgegeben ist, wird die so genannte Flucht oder Tendenz zur Mitte vermieden.

**Bewertungsskalen**

| | | | | | | | |
|---|---|---|---|---|---|---|---|
| **Inhaltliche Fragestellungen:** | | | | | | | |
| Im Ernstfall bin ich fähig zu helfen. | stimmt nicht | -2 | -1 | 0 | 1 | 2 | stimmt |
| Die wichtigsten Sofortmaßnahmen habe ich verstanden und kann sie umsetzen. | stimmt nicht | -2 | -1 | 0 | 1 | 2 | stimmt |
| **Fragen zum Seminarverlauf:** | | | | | | | |
| Der Kurs brachte mir persönlich ... | viel | -2 | -1 | 0 | 1 | 2 | nichts |
| Die Kursinhalte waren für mich ... | ganz neu | -2 | -1 | 0 | 1 | 2 | gänzlich bekannt |
| Ich fühle mich jetzt ... | 0 | ______ | | | | | 100 |
| Meine Stimmung ist ... | mies | -2 | -1 | 0 | 1 | 2 | super |

Abb. 12 ▶ Beispiele für Bewertungsskalen

## *Seminar-Feedback*

Platz für eigene Notizen:

Einzelarbeit

5 – 10 Minuten

Fragebögen, Stifte

Die Teilnehmer erhalten einen Rückmeldebogen (s. nachfolgende Kopiervorlage), mit dem sie zu den vorgegebenen Fragen durch Ankreuzen Stellung beziehen sollen. Gerade in Bezug auf die Eigenwahrnehmung ist der unregelmäßige Einsatz eines solchen Rückmeldeformulars hilfreich, da der Trainer ansonsten eher selten die Möglichkeit erhält, seine Wirkung nach außen zu reflektieren. Der Rückmeldebogen wird anonym ausgefüllt. Vorteil des anonymen Feedbacks: Freies Ausfüllen ohne Angst vor negativen Folgen.

Anregung zum Einsatz der Methode: Die Methode des Seminar-Feedbacks muss nicht zwangsläufig erst zum Ende eingesetzt werden, sondern kann durchaus auch während des Kursverlaufs ihren Platz finden, da so unter Umständen Veränderungen von Einstellungen, Verhaltens- oder Sichtweisen usw. möglich sind.

S+K
Stumpf+Kossendey
Verlag

## Seminar-Feedback

**Seminar:** ○ **Erste-Hilfe** ○ **Erste-Hilfe-Training** ○ **Sofortmaßnahmen am Unfallort**

Trainer: ______________________________ Datum: ______________

| **... zum Inhalt** | **trifft nicht zu** | | | | **trifft zu** |
|---|---|---|---|---|---|
| Die Lernziele sind deutlich gemacht worden. | -2 | -1 | 0 | 1 | 2 |
| Der rote Faden war erkennbar. | -2 | -1 | 0 | 1 | 2 |
| Ein Bezug zur Praxis wurde hergestellt. | -2 | -1 | 0 | 1 | 2 |
| Schwierige Themen wurden durch konkrete Beispiele erläutert. | -2 | -1 | 0 | 1 | 2 |

Hinsichtlich meiner Vorkenntnisse fühlte ich mich im Seminar:
○ eher unterfordert ○ ausreichend gefordert ○ eher überfordert

| **... zum Trainer** | | | | | |
|---|---|---|---|---|---|
| Der Trainer hat den Stoff lebendig und verständlich dargestellt. | -2 | -1 | 0 | 1 | 2 |
| Das Seminar war interessant und abwechslungsreich gestaltet. | -2 | -1 | 0 | 1 | 2 |
| Es wurden ausreichende Arbeitsmaterialien eingesetzt. | -2 | -1 | 0 | 1 | 2 |
| Mein Interesse an der Ersten Hilfe wurde gefördert. | -2 | -1 | 0 | 1 | 2 |

Wie würden Sie den Trainer beschreiben?
○ freundlich ○ aufmunternd ○ geduldig ○ tolerant
○ lebendig ○ kompetent ○ kumpelhaft ○ motivierend
○ ausgeglichen ○ lustig ○ lässig ○ engagiert

eigene Beschreibung: ______________________________

| **... zur Organisation** | | | | | |
|---|---|---|---|---|---|
| Wie zufrieden waren Sie mit den Räumlichkeiten? | -2 | -1 | 0 | 1 | 2 |
| Wie zufrieden waren Sie mit der Seminardauer? | -2 | -1 | 0 | 1 | 2 |
| Wie zufrieden waren Sie mit der Größe der Gruppe (TN:_____ )? | -2 | -1 | 0 | 1 | 2 |

| **... Gesamtbeurteilung** | | | | | |
|---|---|---|---|---|---|
| Meine Erwartungen bzgl. des Seminars wurden erfüllt. | -2 | -1 | 0 | 1 | 2 |
| Ich kann die Inhalte im Alltag bestimmt gut gebrauchen. | -2 | -1 | 0 | 1 | 2 |
| Insgesamt beurteile ich das Seminar: | -2 | -1 | 0 | 1 | 2 |

**Sonstige Anmerkungen, Lob, Verbesserungsvorschläge ...**

______________________________

______________________________

## *Papierkorb und Reisetasche*

Gesamtgruppe

10 – 15 Minuten

Papierkorb und Reisetasche

Ein Papierkorb und eine Reisetasche werden in die Raummitte gestellt. Die Teilnehmer sollen entscheiden, welche Seminarinhalte einerseits so wichtig waren, dass sie in der Reisetasche immer »griffbereit« ganz oben liegen, also auf jeden Fall in Erinnerung bleiben sollten, und was andererseits unnötig war, so dass es am besten sofort in den Papierkorb »geworfen« werden kann.

Der Trainer leitet die Reflektionsphase im Plenum ein, indem er die Reisetasche und den Papierkorb in die Raummitte stellt. Durch ein einfaches Beispiel erläutert er die Vorgehensweise: »In den Papierkorb werfe ich ... in die Reisetasche lege ich ...«. Anschließend fordert er die Teilnehmer auf, zu überlegen, was sie persönlich als besonders wertvoll empfunden und was sie für unnötig gehalten haben. Jeder Teilnehmer zählt der Reihe nach die Dinge auf, die in den Papierkorb bzw. in die Reisetasche kommen.

Platz für eigene Notizen:

## *Tageskritik*

Gesamtgruppe

5 – 10 Minuten

Flipchart, Stifte, Karten in drei Farben, Klebestreifen

Die Teilnehmer sollen rückblickend auf das Seminar oder auf einen bestimmten Kursabschnitt positive und negative Elemente sowie Alternativvorschläge für die Zukunft notieren. Dabei benutzen sie den Vorgaben entsprechend drei verschiedene Kartenfarben (Beispiel: positiv = grün, negativ = rot, alternativ = gelb).

Die Karten werden eingesammelt und in einer Pause strukturiert und gruppiert. Je nach Zeit kann sich eine Diskussion anschließen.

Als Erinnerungshilfe empfiehlt es sich, zuvor nochmals die Inhalte bzw. den Ablauf aufzulisten.

Platz für eigene Notizen:

# Methoden zur Gestaltung von Pausen und Übergängen

Monotone Beschäftigungen, reduzierte Wahrnehmungsmöglichkeiten und wenig Bewegung für Körper und Geist lassen unsere allgemeine Aufmerksamkeit schon nach kurzer Zeit deutlich schwinden. In Erste-Hilfe-Seminaren, in denen die Sinneswahrnehmung der Teilnehmer im Wesentlichen auf Hören und Sehen (der Inhalte) begrenzt ist, gewinnen Pausen in jedweder Form und abwechslungsreiche Übergänge von einem Lernzyklus zum nächsten große Bedeutung für den individuellen Lernerfolg.

Eine Aufmerksamkeitsunterbrechung von einigen Sekunden kennen wir alle, wenn wir während eines Seminars kurz aus dem Fenster blicken oder unsere Gedanken schweifen lassen. Aktive Pausen, die durch den Trainer eingeleitet werden, dauern etwa 5 – 10 Minuten. Sie dienen dazu, die Aufmerksamkeit bewusst vom Unterrichtsgeschehen abzulenken sowie die Bewegung und Durchblutung zu fördern. Sinnvoll ist es zudem, andere Sinne anzusprechen, um anschließend wieder die volle Aufmerksamkeit auf den Unterricht zu lenken. Größere Pausen (mindestens 20 Minuten) sollten spätestens alle zwei Stunden das Seminar unterbrechen.

Die hier vorgestellten Methoden für aktive Pausen und Übergänge beinhalten zum einen spielerische Beschäftigungsmöglichkeiten rund um das Thema Erste Hilfe. Allen Rätseln und Spielformen ist gemein, dass die Selbsttätigkeit und der Austausch der Teilnehmer untereinander angeregt werden und der »Transport« der Lerngegenstände durch Spiel und Spaß die selektive Aufmerksamkeit fördert.

Zum anderen beinhalten die Vorschläge auch Bewegungs- und Entspannungsübungen. Langes Sitzen belastet unseren Stütz- und Bewegungsapparat. Zudem haben die meisten Menschen nicht gelernt, aktiv zu sitzen. Beanspruchte Muskelgruppen sind vor allem die rückwärtige Streckmuskulatur der unteren Extremitäten sowie die Rückenmuskulatur.

So ist es unseres Erachtens sinnvoll, Auflockerung und gesundheitsförderndes Lernen zu verbinden. Denn Bewegung schafft Durchblutung und erhöht die geistige Aufmerksamkeit.

Die hier vorgestellten Bewegungsübungen sind alle einfach in der Durchführung und ohne große Hilfsmittel in den Erste-Hilfe-Unterricht integrierbar.

## *Was passt nicht?*

Einzelarbeit oder Kleingruppen mit jeweils 3–5 Teilnehmern

5–10 Minuten

pro Teilnehmer oder Kleingruppe eine Spielkarte

Jeder Teilnehmer bekommt eine Spielkarte mit fünf Begriffen (s. nachfolgende Kopiervorlage). Einer dieser Begriffe passt nicht in die Reihe, da er keine Gemeinsamkeiten mit den anderen vier aufweist. Dieser falsche Begriff soll mit Erklärung herausgefunden werden.

*Beispiele:*
*Mund säubern, Atmungskontrolle, Hochlagern, Kopf überstrecken, Helmabnahme.*
Hochlagern passt nicht in die Reihe, da die anderen vier Begriffe Maßnahmen bei Bewusstlosigkeit sind.

*Wer? Wo? Was? Wie viele? Warten!*
Das Absetzen des Notrufs besteht im Idealfall aus fünf W, und zwar aus vier Fragen und einer Aufforderung. Die Frage »Wer anruft« gehört nicht zwangsläufig dazu.

*Starrer Blick, Unterkühlung, Verwirrtheit, feuchtkalter Schweiß, langsamer Puls.*
Zu den Merkmalen eines Volumenmangelschocks gehört ein schneller, flacher, jedoch kein langsamer Puls.

Platz für eigene Notizen:

# Was passt nicht dazu?

**Was passt nicht dazu?**

1. PAKET
2. BAP
3. AAA
4. PUH
5. HLW

**Was passt nicht dazu?**

1. Mund säubern
2. Atmungskontrolle
3. Oberkörper hochlagern
4. Kopf überstrecken
5. Helmabnahme

**Was passt nicht dazu?**

1. Schlaganfall
2. Sonnenbrand
3. Herzinfarkt
4. Atemstillstand
5. Hitzeerschöpfung

**Was passt nicht dazu?**

1. Wer?
2. Wo?
3. Was?
4. Wie viele?
5. Warten?

**Was passt nicht dazu?**

1. starrer Blick
2. Unterkühlung
3. Verwirrtheit
4. feuchtkalter Schweiß
5. langsamer Puls

**Was passt nicht dazu?**

1. kurze Pulskontrolle
2. Atemkontrolle
3. Notruf absetzen
4. Eigenschutz beachten
5. trösten

**Was passt nicht dazu?**

1. stabile Seitenlage
2. Atemkontrolle
3. Helmabnahme
4. Notruf absetzen
5. Schocklage

**Was passt nicht dazu?**

1. Mund-zu-Mund
2. Mund-zu-Nase
3. Mund-zu-Stoma
4. Mund-zu-Mund+Nase
5. Mund-zu-Nase+Nase

**Was passt nicht dazu?**

1. Vorwürfe machen
2. hinunter knien
3. Diagnosen erstellen
4. zynische Bemerkungen
5. dramatisieren

**Was passt nicht dazu?**

1. Brüche schienen
2. stabile Seitenlage
3. Schocklage
4. Retten aus Gefahr
5. HLW

**Was passt nicht dazu?**

1. Notruf absetzen
2. Sofortmaßnahmen
3. Krankentransport
4. Erste Hilfe
5. Operation

**Was passt nicht dazu?**

1. Handgelenk
2. Hals
3. Oberarm
4. Knöchelinnenseite
5. Kniescheibe

## *Das muss ´rein!*

Kleingruppen mit max. 5 Teilnehmern

5 Minuten

2 Verbandkästen, 2 große Tüten, weiteres Kleinmaterial

Die Gesamtgruppe wird in mehrere Kleingruppen aufgeteilt, die gegeneinander spielen.

Jede Gruppe bekommt eine große Tüte mit allerlei Kleinmaterial, darunter die Inhalte des Verbandkastens. Außerdem bekommt jede Gruppe einen leeren Verbandkasten. Die Aufgabe besteht darin, innerhalb eines Zeitlimits aus der Tüte jene Materialien herauszufinden, die in den Verbandkasten gehören und ihn damit zu füllen. Welche Gruppe ist am besten?

Variante: Auf kleine Pappschildchen werden Einzelbegriffe geschrieben, darunter die Inhalte des Verbandkastens (s. nebenstehende Kopiervorlage). Aus dieser Anzahl von Begriffen sollen jene in den Verbandkasten gelegt werden, die tatsächlich hinein gehören.

Platz für eigene Notizen:

## Verbandkasten

| | | |
|---|---|---|
| Heftpflaster | Pflasterstreifen | Defibrillator |
| Verbandschere | Verbandtuch | Red Bull |
| Wundkompresse | Mullbinden | Stethoskop |
| Verbandpäckchen | Dreiecktuch | Warndreieck |
| Rettungsdecke | Kreide | Papiertücher |
| Spritzen | Stecknadel | Traubenzucker |
| Sicherheitsnadel | Streichhölzer | Medikamente |
| Stofftier | Einmalhandschuh | Blutkonserven |
| Tape-Verband | Kugelschreiber | Aspirin |
| Lutschpastillen | Fotoapparat | EH-Broschüre |
| Salbenverband | Knie-Bandagen | Knicklichter |
| Mütze | Skalpell | Asthma-Spray |
| Schlüsselbund | Butterdose | Beatmungstuch |
| Geldbörse | Legosteine | Klebestreifen |

## *Power-HLW*

Gesamtgruppe

5 – 10 Minuten

Decke, Beatmungspuppen, Musik

Die Teilnehmer üben an den ausliegenden Beatmungspuppen je nach Gruppengröße entweder die Einhelfer- oder Zweihelfermethode. Dabei versuchen sie, den Rhythmus der Herzdruckmassage der Musik anzupassen.

Bezüglich der Musikauswahl ist darauf zu achten, dass der Rhythmus deutlich hervortritt und dass bei den so genannten Beats per Minute (BpM) die Frequenz von 120/min erreicht wird (Angaben stehen häufig auf dem CD-Cover).

Musik-Beispiele:
- Aerobic-Sampler,
- Sommerhits-Sampler,
- Hit-Mix-CD,
- Lieder aus den aktuellen Charts (Dancefloor u.a.).

Vereinfachung: Zunächst wird nur die Herzdruckmassage geübt (ohne Atemspende). Erst wenn die Teilnehmer im Rhythmus sind, setzt zusätzlich die Atemspende ein. Jedes Paar übt ca. 3 – 5 Minuten.

Platz für eigene Notizen:

## *Wörter im Versteck*

in Einzel- oder Partnerarbeit

15 – 20 Minuten

pro Teilnehmer ein Buchstabenraster

Jeder Teilnehmer bekommt ein Buchstabenraster und soll das darin versteckte Wort herausfinden (s. nachfolgende Kopiervorlage; Lösungen spaltenweise von oben nach unten: Rettungsgriff, Seitenlage, Trösten, Eigenwärme, Puls, Absichern, Motorradhelm, Druckverband, Schocklage, BAP, Notfall, Atmung, bewusstlos, Helfen, Notruf).

In der großen Runde nennt anschließend jeder sein Wort und sagt kurz etwas über die Inhalte, die mit seinem Begriff im Zusammenhang stehen.

Platz für eigene Notizen:

## Versteckwörter

R R T U F
T G S
E I F N G

H I S
R A C
B E N

F T N
O L
L A

T E S L
E N
I A E G

O O T R
R M A H
M L D E

M N A
T G
U

Ö T T
S R E
N

K E R U
V D B N
C R D A

W B S L
E T
O S U S

W G I Ä
E E E R
N M

S A H K
E O C L
C G

F H L
E E N

U P
L S

B P
A

F N U
O R T

## *Wortassoziationen*

Platz für eigene Notizen:

Gesamtgruppe

5 Minuten

Softball o.Ä.

Alle Teilnehmer sitzen oder stehen im Kreis. Der Trainer hat einen Softball in der Hand, nennt einen Begriff und wirft den Ball weiter. Der Fänger soll spontan (also ohne langes Überlegen) ein neues Wort nennen, das ihm zu dem vorgegebenen Begriff einfällt. Dann wirft er den Ball weiter an den Nächsten, der wiederum seine spontanen Gedanken zu dem neuen Wort nennt usw.

*Beispiel: Unfall – Auto – Führerschein – 18 – Abitur – Stress – Freundin – usw.*

Üblicherweise verläuft der Anfang etwas schleppend, und die Äußerungen sind eher wohl überlegt als spontan geäußert. Es macht mehr Spaß, wenn Sie nach einer kurzen Eingewöhnung das Tempo bewusst steigern.

Tipp: Die Assoziationen müssen nichts mit den Kursinhalten zu tun haben. Außerdem gibt es keine Bewertungen, wie etwa »passt«, »passt nicht«, »richtig« oder »falsch«. Jede Äußerung gibt den Impuls zur nächsten!

Variation: Das vorgegebene Wort setzt sich aus zwei zusammengesetzten Wörtern zusammen. Der Fänger nimmt den letzten Teil der Vorgabe als seinen Wortbeginn und vervollständigt es zu einem neuen Wort.

*Beispiel: Rettungskette – Kettensäge – Sägeblatt – Blattspinat – Spinatwachtel – usw.*

## *Wortpuzzle*

Einzelarbeit

5 Minuten

pro Teilnehmer ein Spielplan und Stift

Im Wortgitter sind 10 – 20 Wörter versteckt, die im Erste-Hilfe-Kurs eine Rolle spielen (s. als Beispiel nebenstehende Kopiervorlage). Diese sind entweder von links nach rechts, von rechts nach links, von oben nach unten, von unten nach oben oder diagonal angeordnet und müssen gefunden werden.

*Suchbegriffe im Beispiel*:
PAKET / NOTRUF / ABSICHERN / NOTFALL/ SEITENLAGE / HLW / PULS / ATMUNG / TROST / STERIL / KRANKENWAGEN / BAP / MOTIVATION / HELFEN / DRUCKVERBAND / BEWUSSTSEIN / LEBENSRETTER

Platz für eigene Notizen:

Stumpf+Kossendey Verlag

## Wortpuzzle

| | | | | | | | | | | | | | | | | | | | | |
|---|---|---|---|---|---|---|---|---|---|---|---|---|---|---|---|---|---|---|---|---|
| T | R | E | P | B | L | K | S | G | D | R | U | C | K | V | E | R | B | A | N | D |
| S | E | N | I | L | A | E | U | K | W | T | S | P | R | E | H | E | L | F | E | N |
| L | M | D | U | H | I | P | R | L | N | O | I | T | A | V | I | T | O | M | M | G |
| L | R | C | S | T | P | L | H | M | D | K | N | L | U | K | W | H | J | Q | M | A |
| A | E | B | E | J | O | N | Q | N | N | E | G | A | W | N | E | K | N | A | R | K |
| F | A | L | L | E | B | E | N | S | R | E | T | T | E | R | Z | T | T | F | E | L |
| T | W | B | E | W | U | S | S | T | S | E | I | N | O | L | U | R | F | U | I | N |
| O | N | K | N | R | E | H | C | I | S | B | A | S | P | H | O | G | D | R | T | E |
| N | E | G | T | C | S | W | Z | B | A | P | T | M | R | S | I | F | L | T | E | T |
| I | G | W | S | T | E | R | I | L | L | U | A | F | T | O | N | C | B | O | N | I |
| K | I | S | I | X | M | V | S | V | I | L | R | O | U | A | T | M | U | N | G | A |
| S | E | I | T | E | N | L | A | G | E | S | E | P | M | H | P | Q | E | D | F | S |

# Bewegungsformen zur Auflockerung

## *Übungen im Sitzen (1)*

Die Übungen werden auf einem Stuhl durchgeführt. Der Trainer macht die Übungen vor. Die Teilnehmer machen jeweils zwischen 15 – 20 Wiederholungen, wobei der Trainer die Bewegungsausführung kontrolliert. Im Hintergrund kann leise Musik laufen.

▶ Venenpumpe:
Bei aufrechter Sitzposition werden zunächst die Zehen angezogen und dann die Zehenspitzen aufgestellt.

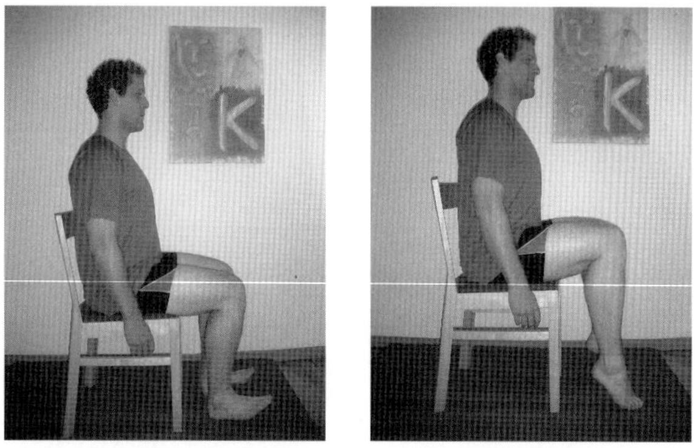

**Abb. 13/14 ▶ Venenpumpe**

▶ Joggen am Platz:
Im Wechsel werden rechter Arm und linkes Bein und linker Arm und rechtes Bein hochgezogen.

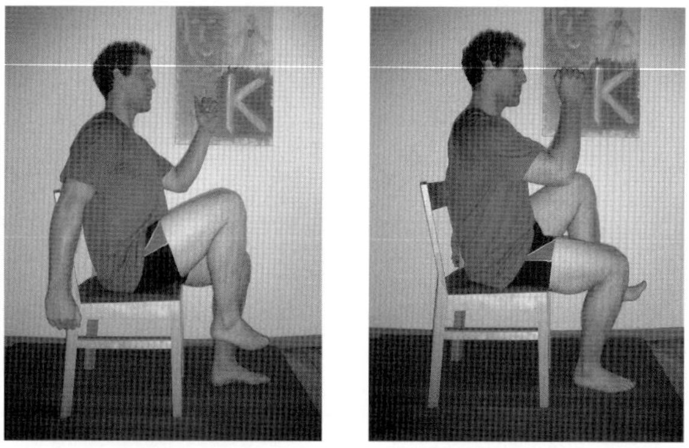

**Abb. 15/16 ▶ Joggen**

▶ Beckenrollen:
Die Handinnenflächen werden unter das Sitzbein gelegt. Nun wird dieses über die Handfläche nach hinten und vorne gerollt. Dabei richtet sich die Wirbelsäule auf und wird wieder rund.

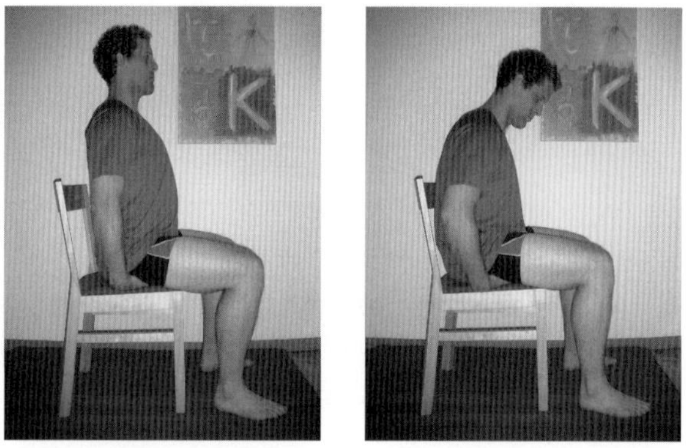

**Abb. 17/18 ▶ Beckenrollen**

## *Übungen im Sitzen (2)*

▶ Seitenwechsel:
Die Arme werden hinter dem Kopf verschränkt. Zuerst ist der Blick geradeaus gerichtet. Dann wandern im Wechsel der Blick und der Oberkörper nach rechts und links.

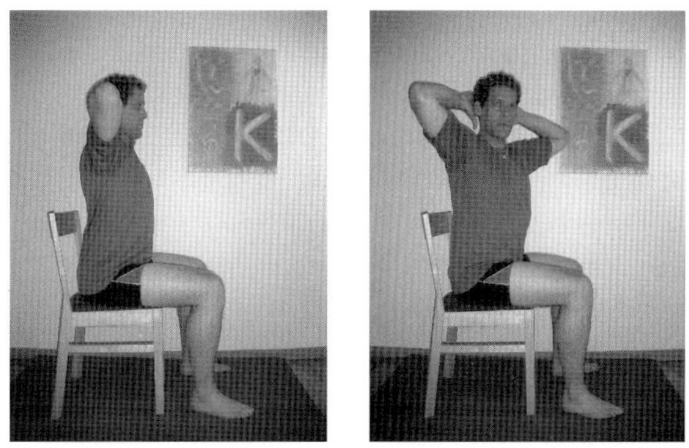

**Abb. 19/20 ▶ Seitenwechsel**

▶ Strecken:
Die Arme werden bei aufrechter Sitzhaltung lang nach oben gezogen, so dass sie mit der Wirbelsäule eine Linie bilden. Nun wandert der Oberkörper mit gestreckten Armen soweit nach vorne, dass Rücken und Arme eine Linie bilden.

**Abb. 21/22 ▶ Strecken**

▶ Schulterkreisen:
Die Schultern werden zuerst nach oben gezogen, dann nach hinten und wieder fallen gelassen. In kreisenden Bewegungen wird die Schulterpartie mobilisiert und gelockert.

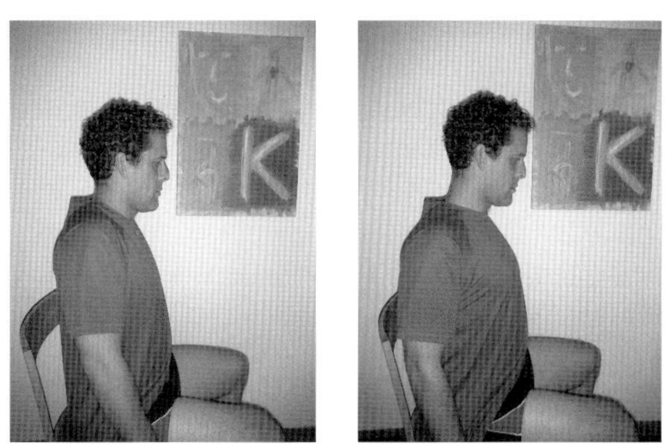

**Abb. 23/24 ▶ Schulterkreisen**

## Entspannungsübungen (1)

▶ Igelballmassage:
Die Igelballmassage kann im Sitzen, besser jedoch im Liegen durchgeführt werden. Wichtig ist, dass sich die Teilnehmer dabei nicht unwohl fühlen. Ein Partner bekommt einen Igelball und rollt ihn über den hinteren Hals- und Nackenbereich des Partners. Dabei ist darauf zu achten, dass lediglich auf Muskeln und nicht auf knöcherne Strukturen Druck ausgeübt wird. Die Kraft, mit der der Ball gerollt wird, bestimmt immer derjenige, der massiert wird. Durch den auf die Haut ausgeübten Druck werden Rezeptoren gereizt, die eine lokale Gefäßerweiterung bewirken. Dies führt zu einer Steigerung der Durchblutung im Haut- und Muskelbereich, wodurch der Abtransport angestauter Schlacken und Giftstoffe aus Venen und Lymphgefäßen gesteigert wird. Verhärtungen sowie Verspannungen im Muskelgewebe können somit abgebaut werden. Nach 3 – 5 Minuten wechseln die Partner ihre Aufgaben.

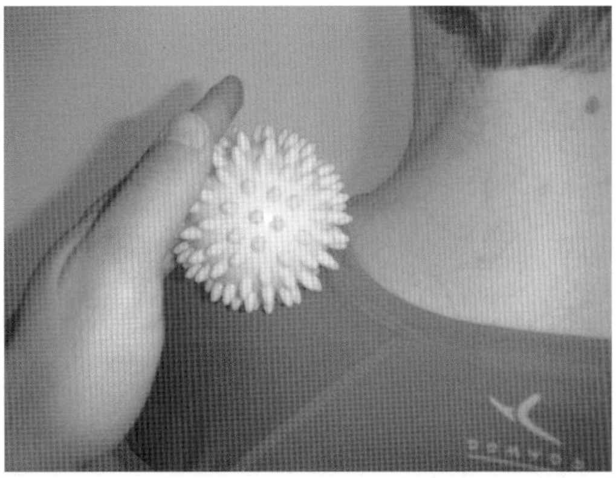

Abb. 25 ▶ Igelballmassage 1

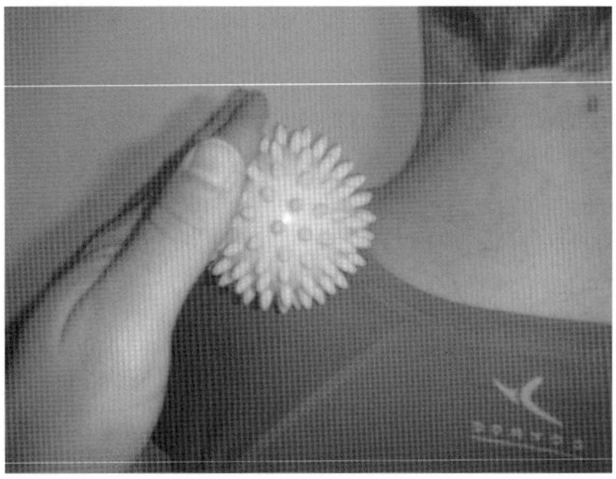

Abb. 26 ▶ Igelballmassage 2

▶ Partnermassage:
Die Partnermassage kann im Sitzen, besser jedoch im Liegen durchgeführt werden. Wichtig ist auch bei dieser Übung, dass sich die Teilnehmer nicht unwohl fühlen. Im Unterschied zur Igelballmassage massiert ein Partner mit den Händen den hinteren Hals- und Nackenbereich des Partners. Dabei ist darauf zu achten, dass lediglich auf Muskeln und nicht auf knöcherne Strukturen Druck ausgeübt wird, so dass durch die Massage die Muskulatur durchblutet wird. Die Kraft mit der massiert wird, bestimmt wieder derjenige, der massiert wird. Die Massage bewirkt eine Abnahme der Atem- und der Pulsfrequenz und des Blutdrucks, wodurch die entspannende Wirkung noch gesteigert wird. Nach 3 – 5 Minuten wechseln die Partner ihre Aufgaben.

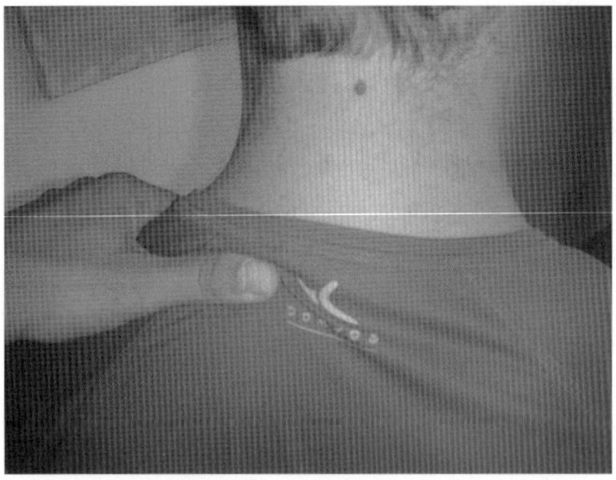

Abb. 27 ▶ Partnermassage

## Entspannungsübungen (2)

▶ Katzenbuckel:
Ziel ist es, eine Entspannung der unteren Rückenmuskulatur zu bewirken.

*Position 1:*
Im Vierfüßlerstand wird der Rücken zunächst waagerecht gehalten. In dieser Position atmen die Teilnehmer 2- bis 3-mal tief ein und aus, so dass sich beim Einatmen der Brustkorb aufwölbt und beim Ausatmen der Bauchnabel Richtung Wirbelsäule gezogen wird.

*Position 2:*
Ausgehend von Position 1 wird der Rücken bei jedem Ausatmen runder gemacht. Dabei wird der Bauchnabel weiter in Richtung Wirbelsäule gezogen. Beim Einatmen wird die Bewegung gestoppt und das Kinn langsam in Richtung Brustbein geführt. Die Endposition kann wieder für 2 – 3 Atemzüge gehalten werden. Der gesamte Bewegungsablauf sollte 2- bis 4-mal wiederholt werden.

Abb. 28 ▶ Katzenbuckel – Position 1

Abb. 29 ▶ Katzenbuckel – Position 2

▶ Paket:
Das Ziel besteht wiederum darin, eine Entspannung der unteren Rückenmuskulatur zu bewirken. Die Teilnehmer legen sich als »Paket« zusammengerollt auf den Boden oder eine Matte. Nun wird ganz bewusst in den Bauch geatmet. Dabei wölbt sich der Bauch gegen die Oberschenkel und drückt damit den unteren Rücken leicht nach oben. Die Ein- und Ausatmung sollte langsam und kontrolliert erfolgen. Es empfiehlt sich, etwa 2 – 3 Minuten bei entspannender Musik liegen zu bleiben.

Abb. 30 ▶ Paket

## *Ballspiele*

Platz für eigene Notizen:

Jongliertücher und Jonglierbälle

Zunächst bekommt jeder Teilnehmer zwei Jongliertücher, die er abwechselnd nach oben wirft. Dabei ist darauf zu achten, dass die Tücher mit dem Handrücken nach oben gehalten und geworfen werden. Die Tücher sollen so aufgefangen werden, dass das Tuch aus der rechten Hand mit links und das Tuch aus der linken Hand mit rechts gefangen wird.

Klappt diese Übung gut, können drei Tücher genutzt werden. In einer Hand befinden sich dazu zwei Tücher, in der anderen eines. Von der Hand mit den zwei Tüchern wird eines nach oben geworfen. Hat das Tuch seinen höchsten Punkt erreicht, wird das Tuch aus der anderen Hand hochgeworfen, damit mit dieser das erste Tuch gefangen werden kann. Die erste Wurfhand wirft nun das Tuch hoch und fängt das zweite Tuch auf usw.

Für geübtere Gruppen können analog zu den Tüchern auch richtige Jonglierbälle benutzt werden.

## *Dehnübungen (1)*

Alle Dehnübungen werden 1- bis 3-mal mit beiden Körperseiten wiederholt. Die Muskelspannung in den jeweiligen Positionen sollte mindestens 15 Sekunden gehalten werden; sinnvoller sind jedoch 30 Sekunden. Alle Übungen werden langsam und ohne Hast ausgeführt. Der Trainer macht die Übung zunächst ruhig und langsam vor und steht anschließend als Helfer zur Verfügung.

Abb. 31 ▶ Wadendehnung

▶ Wadendehnung:
Mit gestreckten Armen stützen Sie sich an einer Wand ab. Ober- und Unterkörper bilden dabei eine gerade Linie. Ein Bein wird nun in Schrittstellung nach vorne gestellt. Die Ferse des hinteren Beines wird kräftig in den Boden gedrückt. Wandern Sie langsam soweit nach hinten, bis eine leichte Spannung in der Wade zu spüren ist.

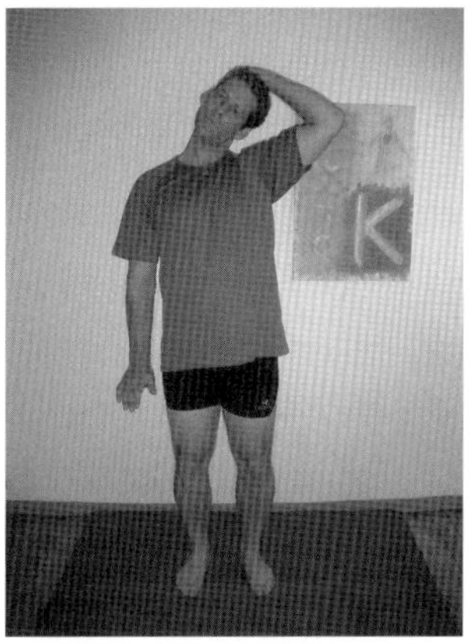

Abb. 32 ▶ Nacken- und Schulterdehnung

▶ Nacken- und Schulterdehnung:
Sie stehen aufrecht und ziehen den rechten Arm gestreckt nach unten, wobei Sie darauf achten müssen, dass der Handballen in Richtung Boden geführt wird. Mit dem linken Arm fassen Sie nun über den Kopf und ziehen diesen etwas nach links. Eine leichte Spannung auf der rechten Seite der Schulter zeigt an, dass die Übung richtig ausgeführt wird.

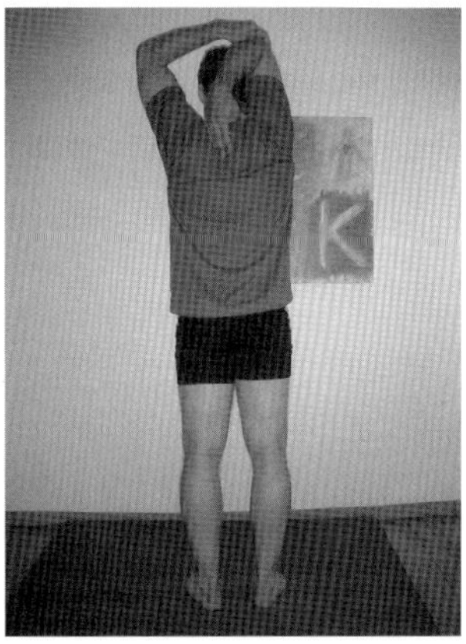

Abb. 33 ▶ Oberarmdehnung

▶ Oberarmdehnung:
Sie stehen aufrecht und strecken den rechten Oberarm senkrecht nach oben. Der Unterarm fällt entspannt zur Seite. Mit dem linken Arm greifen Sie nun über dem Kopf den rechten Ellbogen und ziehen diesen nach links. Die Muskeldehnung ist im rechten Oberarm zu spüren.

## Dehnübungen (2)

▶ Dehnung der Oberschenkelrückseite:
Sie stehen aufrecht und stellen das rechte Bein etwa 50 cm nach vorne. Das linke Bein beugen Sie nun etwas und stützen sich mit dem Oberkörper darauf ab. Nun ziehen Sie die Fußspitze des rechten Beins zu sich hin und strecken die Ferse des rechten Beins soweit weg, dass auf der Oberschenkelrückseite die Muskelspannung steigt.

**Abb. 34 ▶ Dehnung der Oberschenkelrückseite – stehend**

▶ Dehnung der Oberschenkelvorderseite:
Sie stehen aufrecht und beugen das rechte Bein im Knie. Mit der rechten Hand umfassen Sie oberhalb des Fußes das Bein und beugen es im Kniegelenk soweit, bis die Muskelspannung auf der Oberschenkelvorderseite zu spüren ist.

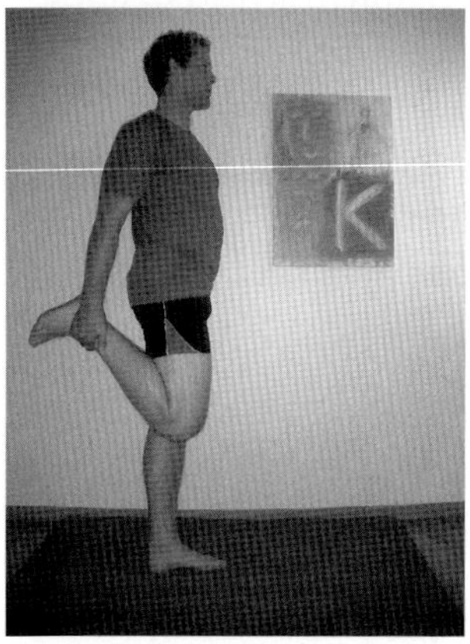


**Abb. 35 ▶ Dehnung der Oberschenkelvorderseite – stehend**

▶ Dehnung der Oberschenkelvorderseite:

*Position 1:*
Sie legen sich seitlich auf den Boden oder eine Matte und winkeln beide Beine an. Mit dem rechten unteren Arm umfassen Sie das Kniegelenk des rechten Beins und ziehen es zum Oberkörper hin. Die linke Hand greift oberhalb des Sprunggelenks das im Kniegelenk abgewinkelte linke Bein.

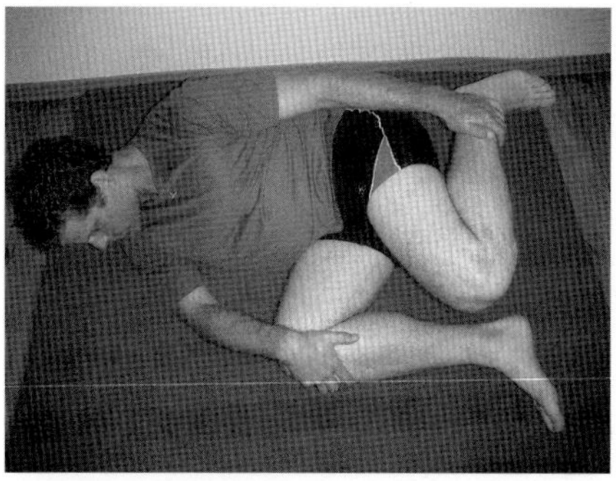

**Abb. 36 ▶ Dehnung der Oberschenkelvorderseite – liegend (Position 1)**

*Position 2:*
Sie ziehen das linke Bein soweit nach hinten, bis die Muskelspannung auf der Oberschenkelvorderseite zu spüren ist.

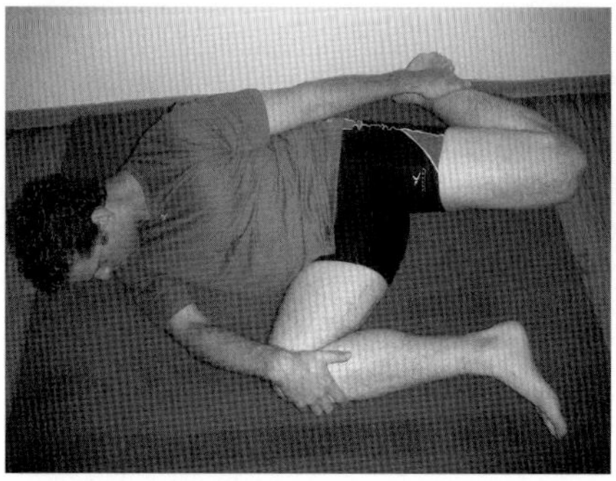

**Abb. 37 ▶ Dehnung der Oberschenkelvorderseite – liegend (Position 1)**

## *Dehnübungen (3)*

▶ Dehnung der Oberschenkelrückseite:

*Position 1:*
Sie legen sich auf den Boden oder eine Matte und ziehen ein Bein zum Oberkörper. Dazu greifen Sie mit beiden Händen in die Kniekehle des angezogenen Beins und ziehen es nach oben. Der Fuß des anderen Beins steht mit der Fußsohle auf dem Boden. Das Bein ist im Kniegelenk gebeugt.

**Abb. 38 ▶ Dehnung der Oberschenkelrückseite – liegend (Position 1)**

*Position 2:*
Das zum Oberkörper geführte Bein wird nun im Kniegelenk etwas geöffnet. Dabei bleibt der Oberschenkel am Oberkörper und der Fuß wird zum Körper gezogen. Wenn auf der Oberschenkelrückseite eine Muskelspannung zu spüren ist, wird die Übung richtig ausgeführt.

**Abb. 39 ▶ Dehnung der Oberschenkelrückseite – liegend (Position 2)**

*Position 3:*
Nun wird das zum Körper gezogene Bein im Kniegelenk gestreckt und soweit senkrecht nach oben geführt, dass eine Spannung auf der Oberschenkelrückseite und ggf. in der Wade zu spüren ist. Beide Hände halten das gestreckte Bein in Höhe des Kniegelenks fest.

**Abb. 40 ▶ Dehnung der Oberschenkelrückseite – liegend (Position 3)**

*Position 4:*
Für Fortgeschrittene oder gut gedehnte Muskeln kann der Fuß des nach oben gestreckten Beins mit einer Hand umfasst und zum Körper hingezogen werden.

**Abb. 41 ▶ Dehnung der Oberschenkelrückseite – liegend (Position 4)**

# C ▸ Anhang

# Literatur

AHNEFELD FW (Hrsg.) (1994) Notfallmedizin. Kohlhammer, Stuttgart

ARNOLD R (1997) Studienbrief EB0012. Vorbereitung auf didaktisches Handeln. Schriftenreihe und Studienbriefe der Universität Kaiserslautern, Kaiserslautern

ARNOLD R (2003) Studienbrief EB 0120. Emotionale Kompetenz und emotionales Lernen in der Erwachsenenbildung. Schriftenreihe und Studienbriefe der Universität Kaiserslautern, Kaiserslautern

ARNOLD R, KRÄMER-STÜRZEL A, SIEBERT H (1999) Dozentenleitfaden. Planung und Unterrichtsvorbereitung in Fortbildung und Erwachsenenbildung. Cornelsen Verlag, Berlin

BACH K, DAVID S, HAMBROCK E (2003) Trainer/in in der Erwachsenenbildung mit Schwerpunkt Erste Hilfe. Fachwissen-Skript 1. Unveröff. Manuskript, Waldbronn

BAUMGART F (Hrsg.) (2001) Entwicklungs- und Lerntheorien. Klinkhardt, Bad Heilbrunn

BIRKHOLZ W, DOBLER G (2001) Der Weg zum erfolgreichen Ausbilder, 6. Aufl. Stumpf und Kossendey, Edewecht, Wien

BLOM H (2002) Der Dozent als Coach. Luchterhand, Neuwied

BRELOER G, DAUBER H, TIETGENS H (Hrsg.) (1980) Teilnehmerorientierung und Selbststeuerung in der Erwachsenenbildung. Westermann Verlag, Braunschweig

DECKER F (1997) Neue erwachsenenpädagogische Ansätze der Erste-Hilfe-Ausbildung. In: HAUPTVERBAND DER GEWERBLICHEN BERUFSGENOSSENSCHAFTEN (HVBH) (Hrsg.) Erste Hilfe. Gemeinsame Fachtagung 20.-21.10.1987 in Hennef-Sieg. Unveröff. Tagungsbericht, Hennef-Sieg, S. 132-144, Bezug über www.bageh.org

DIETRICH A (2003) Die Bedeutung von Kognition und Emotion im Lernprozess. In: ARNOLD R (Hrsg.) Emotionale Kompetenz. Theorien und Anwendungen. Schriftenreihe Pädagogische Materialien der Universität Kaiserslautern, 20. Schriftenreihe und Studienbriefe der Universität Kaiserslautern, S. 59-83

FAULSTICH P (2003) Selbstbestimmtes Lernen – vermittelt durch Professionalität der Lehrenden. In: WITTHAUS U, WITTWER W, ESPE C (Hrsg.) Selbstgesteuertes Lernen. Theoretische und praktische Zugänge. Bertelsmann, Bielefeld, S. 177-191

GARMS-HOMOLOVÁ V (1987) Probleme der Handlungsbereitschaft und Handlungskompetenz von Laien in Notfallsituationen. In: HAUPTVERBAND DER GEWERBLICHEN BERUFSGENOSSENSCHAFTEN (HVBH) (Hrsg.) Erste Hilfe. Gemeinsame Fachtagung 20.-21.10.1987 in Hennef-Sieg, Unveröff. Tagungsbericht, Hennef-Sieg, S. 100-108, Bezug über www.bageh.org

GARMS-HOMOLOVÁ V, SCHAEFFER D (1988) Mehr Ausbildung, aber: weniger Kompetenz. Zeitschrift für erziehungswissenschaftliche Forschung 22:163-187

GARMS-HOMOLOVÁ V, SCHAEFFER D (1991) Untersuchungen zum Rettungswesen, Bericht 28. Möglichkeiten zur Verbesserung der Laienhilfe bei Verkehrsunfällen. Teil 1: Inhalte und Formen der Ausbildung. Schriftenreihe Forschungsberichte der Bundesanstalt für Straßenwesen. Wirtschaftsverlag Nordrhein-Westfalen, Bergisch-Gladbach

GATZ KJ (1999) BGI 509. Erste Hilfe im Betrieb. Informationsschrift für Unternehmer, Betriebsärzte, Betriebsräte, Fachkräfte für Arbeitssicherheit und Aufsichtspersonen. Carl Heymanns Verlag KG, Köln

GOLEMAN D (2002) Emotionale Führung. Econ-Verlag, Düsseldorf

GREIS J (2000) Darstellung von Möglichkeiten des Abbaus von Barrieren bei der Hilfeleistung. In: BUNDESARBEITSGEMEINSCHAFT FÜR ERSTE HILFE (BAGEH) (Hrsg.) Gemeinsame Fachtagung Erste Hilfe 3.-4.11.2000 in Hennef-Sieg. Unveröff. Tagungsbericht, Hennef-Sieg, Bezug über www.bageh.org

Hartmann M, Funk R, Nietmann H (2003) Präsentieren. Präsentationen zielgerichtet und adressatenorientiert. Beltz, Weinheim

Hockauf H, Karutz H (2000) Die Schulung von Ersthelfern: Eine kritische Betrachtung der Ausbildungspraxis. Teil 1. RETTUNGSDIENST 23: 42-47

Illi U (Hrsg.) (1991) Sitzen als Belastung. Aspekte des Sitzens, Lehrunterlagen. IFB Eigenverlag, Wäldi, Schweiz

Kaiser A (Hrsg.) (2003) Selbstlernkompetenz. Metakognitive Grundlagen selbstregulierten Lernens und ihre praktische Umsetzung. Ziel Verlag, München

Kempf HD (1995) Die Rückenschule. Das ganzheitliche Programm für einen gesunden Rücken. Rowohlt Taschenbuchverlag, Reinbek

Kempf HD, Schmelcher F, Ziegler C (2004) Trainingsbuch Rückenschule. Rowohlt Taschenbuchverlag, Reinbek

Kliebisch UW, Weyer D (2001) Selbstwahrnehmung und Körpererfahrung. Interaktionsspiele und Infos für Jugendliche. Verlag an der Ruhr, Mülheim

Klippert H (2004) Methodentraining. Übungsbausteine für den Unterricht. Beltz-Verlag, Weinheim, Basel

Knebel KP (1994) Funktionsgymnastik. Rowohlt Taschebuchverlag, Reinbek

Kocmann P (2003) Train the Bystander. Diplomarbeit an der katholischen Hochschule für Sozialwesen, Berlin

Lasogga F, Gasch B (2002) Psychische Erste Hilfe bei Unfällen – Kompensation eines Defizits, 3. Aufl. Stumpf und Kossendey, Edewecht, Wien

Mandl H, Reinmann-Rothmeier (1995) Unterrichten und Lernumgebung gestalten. Forschungsbericht Nr. 60. Beltz Verlag, Weinheim, Basel

Meyer H (2003) Unterrichtsmethoden. Praxisbd. 2. Cornelsen Verlag, Berlin

Müller W (1985) Samariter in Köln. Ein Buch über die Entstehung einer Hilfsorganisation. Wirtschaftsverlag, Wiesbaden

Nachtmann R (1996) Erste Hilfe in der Schule. Weniger Ausbildung aber mehr Kompetenz. Wißner-Verlag, Augsburg

Pluntke S (2003) Das Problem der Motivation in Ersthelferschulungen: Fachwissen versus Motivation. RETTUNGSDIENST 26:38-41

Reichel HS, Seibert W, Geiger L (1995) Präventives Bewegungstraining. Urban & Fischer, München, Wien, Baltimore

Sick R, Halpick H (2003) Erste Hilfe. Ihre Sicherheit für alle Fälle. Tosa Verlag, Berlin

Spitzer M (2002) Lernen. Gehirnforschung und die Schule des Lebens. Spektrum Akademischer Verlag, Heidelberg

Weschke M (1998) Neue Wege in der Weiterbildung. Literatur- und Forschungsreport Weiterbildung, 41. Bertelsmann, Bielefeld

# Autoren

**Mark Brommenschenkel,**
geb. 1973 in Saarwellingen

- Sonderpädagoge (Staatsexamen) und Erwachsenenbildner (Master of Arts)
- Dozent in der Erwachsenenbildung und freier Trainer für Gesundheitspädagogik
- bis 2003 Personalleiter und Leiter der Abteilung Aus- und Weiterbildung eines bundesweit tätigen Bildungsträgers im Rettungswesen
- Mitglied der Prüfungskommission der Train-the-Trainer-Ausbildung des Bundesverbandes für Erste Hilfe BVEH e.V.
- Zusatzqualifikationen in den Bereichen Gruppenmoderation, Qualitätsmanagement in der Weiterbildung, Entspannungstraining und Weiterbildungsmarketing
- Buchautor mehrerer Veröffentlichungen
- seit 2004 geschäftsführender Gesellschafter des Instituts Kurszeit (www.kurszeit.de)

**Johannes Wischerhoff,**
geb. 1968 in Duisburg

- Diplom-Sportlehrer und Personalentwickler (Master of Arts)
- Dozent in der Erwachsenenbildung und freier Trainer für Gesundheitspädagogik
- ehemaliger Leistungssportler in der Leichtathletik
- bis 2003 Pädagogischer Leiter und Gesamt-Teamleiter eines bundesweit tätigen Bildungsträgers im Rettungswesen
- Mitglied der Prüfungskommission der Train-the-Trainer-Ausbildung des Bundesverbandes für Erste Hilfe BVEH e.V.
- Zusatzqualifikationen in den Bereichen Outdoortrainings, Sport in der Prävention und Rehabilitation, Rückenschullehrer und Leiter der Potsdamer Körperschule
- seit 2004 geschäftsführender Gesellschafter des Instituts Kurszeit (www.kurszeit.de)

*Kontakt:*
Mark Brommenschenkel, Johannes Wischerhoff
KURSZEIT, Institut für kreatives Lernen
Bahnhofstraße 75
66793 Saarwellingen
www.kurszeit.de
info@kurszeit.de